U0058630

政論文學：論戰系列 341

兩岸論戰

蔡輝振 著

天空數位圖書出版

目　錄

自　序

　　本書為《政論文學・論戰系列(臺灣選戰、兩岸論戰、國際驅戰)》之創作，以《兩岸論戰》為名，乃基於兩岸目前情勢緊張瀕臨戰火，又處於惡性互動中，且兩岸領導人情緒大於理性，對於兩岸的未來，實令人憂心。筆者以論戰方式，企圖從各種不同的角度，提出看法，不管是筆戰、口戰，或是武戰，皆在讓兩岸人民從中思索，以求尋得一條康莊大道，不僅是人民的幸福、國家的未來，更是我們對歷史負責的態度。

　　根據筆者的研判，兩岸終將一戰來決定統一或獨立，已無迴旋的空間，只剩時間問題而已。筆者之所以這麼認為，基於兩個觀察：

1.從臺灣方面說：

　　臺灣是一個民主政體，政府的施政自然以民意為依歸，但很可惜，臺灣人民的民主素養普遍不足，感性大過於理性，加上〝死鴨子嘴硬〞的性格，導致什麼事都有可能發生；偏偏臺灣的政治人物，普遍把自身或政黨的利益，凌駕於國家利益之上，只要能取得政權，什麼都可以。當本應理性的政府，變得自私；當本該理性的人民，變得意氣用事，從不思考一個書生如何去跟一個武夫講道理，雙方硬幹其結果可想而知，尤其在選舉期

間，操弄兩岸對立以獲取選票，如此處理兩岸的關係，怎麼不令人擔心。

臺灣人口的結構，以大陸遷徙過來的漢人，佔絕對多數，加上80年代以前所受的教育，是完整的中國傳統教育，如果用二分法且大致上說，並以四十歲為分水嶺，以上稱之上一代，以下稱之下一代。在80年代前，支持藍營的人約佔三分之二，支持綠營的人則不到三分之一。隨著時間流逝，教育與視野的改變，以及上一代人的凋零，下一代人的興盛，尤其下一代人對於血緣等中國文化的觀念，因遙遠而淡薄，兩陣營的支持度產生根本上的改變。現在，支持綠營的人遠超過支持藍營的人，且還不斷的擴大中，如果藍營不做出改變，取得下一代的認同，恐有滅絕之虞。

為了生存，藍營勢必會放棄〝一中原則〞的堅持，朝向下一代〝一邊一國〞的認同，其他政黨更不願因認同一中原則，而失去下一代的選票。可以預見，當大陸的武力不再對臺灣產生威嚇時，臺灣便會走向獨立。

2.從大陸方面說：

大陸是一個極權政體，對民意的掌控有著絕對的權威，〝一中原則〞是它的底線，如果放任臺灣獨立，大陸領導人如何面對新疆、西藏等地區要求獨立的浪潮，沒有人願意成為國土分裂的歷史罪人。如果臺灣宣布獨

立，不管美國的立場如何，大陸
勢必攻打臺灣，這是無庸置疑。
大陸早期的武力、經濟落後是如
此，如今的武力、經濟已躍居世
界第三，甚至直逼第一的美國，
更是如此。

李登輝先生
圖片來源:《維基百科》

　　兩岸統一是大陸的國策，能
和平統一最好，用武力統一也是
選項之一。礙於美國的干預、介
入，大陸不得不溫馨喊出〝一國
兩制〞、〝中國人不打中國人〞，
企圖得到臺灣善意的回應，進而
能完成兩岸和平統一。奈何！臺
灣自從李登輝喊出〝兩國論〞，
繼任者陳水扁加以發揚光大為
〝一邊一國〞，並獲得下一代人
的支持，兩岸便註定背道而馳，
往分裂的方向進行。至於蔡英文，
未必是一邊一國的支持者，但只要
她參選總統，就必須主張一邊一
國，才能獲得下一代人的支持，也
才有可能當選，如此便讓兩岸關係
越走越遠，加上臺灣人民普遍有〝死

陳水扁先生
圖片來源:《維基百科》

蔡英文先生：圖片
來源:《維基百科》

鴨子嘴硬〞的非理性性格，大陸越強硬，臺灣就越反感，政客就越有操弄空間，導致這種惡性循環的無解現象。

　　大陸見狀，軟的不行自然來硬的，也從不站在臺灣人的立場去思考，也不知道〝勇敢的臺灣人〞[1]，並不是那麼好欺負！臺灣人在臺灣這塊土地上，已生活超過200年，大陸(中共)也從沒有管轄過臺灣，卻硬說臺灣是中國的一部份。是的！臺灣本就是中國的一部份，但不是中華人民共和國，是中華民國的一部份，不管國際如何變遷，這是事實的存在，也不管大陸如何辯解，都很難讓臺灣人信服。為何不思考如何讓臺灣人心服口服的方法，雙方才有可能坐下來對話，也才有可能和平統一。只知文攻武嚇，卻又對美國的干預無可奈何？只能想盡辦法斷絕臺灣的國際空間，甚至在人命關天的SARS疫情時，讓臺灣孤立無援，死傷慘重，讓連原本支持一中原則的上一代人，也逐漸對大陸政權感到失望，進而不再堅持一中原則，更何況下一代人。年輕一代對於大陸文攻武嚇的反感，遠大於對祖國的認同，於是兩岸關係更為惡化，惡性互動關係的產生，是造成越走越遠的後果。

　　在兩岸關係上，臺灣的態度是能獨立最好，不能獨

---

[1]　〝勇敢的臺灣人〞並不是像文天祥那種理性的勇敢，而是〝死鴨子嘴硬〞非理性的勇敢，也就是「魚死網破，玉石俱焚。」的性格，如果惹火他，他便不惜跟你拚死到底，來個玉石俱焚，也在所不惜，因此很容易受政客操弄。

立也要堅守〝維持現狀〞的底線；大陸則受到2014年香港的〝雨傘革命〞及2019年〝反對逃犯條例修訂草案運動〞的影響，已放棄對臺灣實施一國兩制，50年不變的政策，思考一次就解決臺灣問題，故大陸的態度是能和平統一最好，不能和平統一也要以武力解放臺灣。然當臺灣有美國做靠山時，兩岸和平統一就不可能實現；要美國放棄臺灣，等同放棄防堵中國崛起的太平洋防線--第一島鏈，美國將失去世界霸主的地位。更何況，全世界使用的晶片，有70%得依賴臺灣的台積電生產。這種霸主心態要美國不做臺灣的靠山，也是不可能。

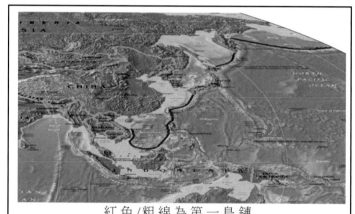

紅色/粗線為第一島鏈
圖片來源：《維基百科》

剩下只有以武力統一的一條路，別無他法。兩岸戰火何時爆發，有四個觀察點：一為美國內部發生重大事情，或國際情勢對立，無暇兼顧臺灣；二為大陸發生動亂，為轉移焦點；三為大陸有絕對的力量，壓制美國；四為快速佔領臺灣或封鎖臺灣，讓美國措手不及或沒有理由挑起中美戰爭，以造成事實。其中，第一與第二個觀察

點，可遇不可求，操之他人；第三個觀察點，雙方武力差距至少20年，大陸才有可能超越美國，霸權者心態，是沒有耐心等待；第四個觀察點，操之在我，是目前最有可能的選項，故大陸的軍事演習、戰機擾臺等行為，無非在創造成熟的時機點，一舉攻下臺灣。其中，又以封鎖臺灣以戰逼和的可能性最高，發生的時間點有三個，一為2022年底習近平爭取連任，若發生內鬥，習近平為轉移焦點時；二為2024年臺灣的總統大選，綠營喜歡操弄兩岸對立，讓大陸找到理由時；三為習近平連任成功，在他卸任之前。封鎖臺灣是雙方破壞與損失最低，美國也只能協助臺灣運補物資，沒有理由也不會挑起中美戰爭。其中，最讓筆者擔心，即是中共每次對臺進行強硬喊話、演習、騷擾等行為，對臺灣人民皆不痛不癢，長期下來，讓臺灣人誤解為中共不敢，只是虛張聲勢而已，沒什麼好怕的。臺獨主張者更會藉此高喊〝抗中保臺〞，是臺灣人的勝利。如此便會重蹈烏克蘭人民，在俄羅斯攻打烏克蘭的前一天，烏克蘭人民依舊認為，有美國在普丁不敢打、不會打。新加坡的〝鞭刑〞，讓新加坡的治安，成為全世界最好的國家之一，為什麼？因為〝痛〞！痛得讓人生不如死，自然產生嚇阻作用。中共想要嚇阻臺灣獨立，一定要讓臺獨主張者感到痛，也讓臺灣人深信中共有能力，也真的會攻打臺灣，只是在和平未絕望時，不輕言動武而已，如此或許可免去一場

戰爭，除臺獨主張者以外的老百姓，也可免去惶惶不可
終日，而能安心踏實地過日子。也或許臺灣人才會理性
去思考，其實我們是可以選擇〝幸福〞的和平相處，而
遠離〝戰爭〞。

俄羅斯入侵烏克蘭的俄烏戰
爭，烏克蘭總統澤倫斯基，親率
全國軍民起而反抗，大家普遍都
是譴責俄羅斯總統普丁，讚揚澤
倫斯基，使他成為烏克蘭的偉
人，世界的英雄。沒有人，也不
會有人譴責澤倫斯基將國家、人
民推入火坑，任戰火蹂躪。一個
國家領導人的職責，在於保衛國
家人民的身家安全，這是目的，

澤倫斯基先生
圖片來源:《維基百科》

縱有再多理由，也不可違背。俄烏戰爭的發生，在於澤
倫斯基為國家安全，不顧普丁的警告：「只要烏克蘭加
入北約組織[2]，俄羅斯將不惜一切攻打烏克蘭。」但澤倫

---

[2] 北約全稱為〝北大西洋公約組織〞（North Atlantic Treaty
Organisation），在 1949 年由 12 個國家組成的軍事聯盟，包括：
美國、加拿大、比利時、法國、盧森堡、荷蘭、英國、丹麥、
挪威、冰島、葡萄牙，以及義大利；成員國同意在任何一個成
員國受到武裝攻擊的時候，會向彼此施以援手；其原本的目標
是要對抗二戰後俄羅斯向歐洲的擴張；1955 年，作為對北約成
立的回應，蘇俄建立起與東歐共產主義國家的軍事聯盟，名為
〝華沙條約組織〞（Warsaw Pact）；1991 年蘇聯解體後，一些
前華沙條約組織成員國變成了北約的成員，如今的北約組織有
30 個成員國。

斯基依然踏上普丁所畫的紅線[3]，堅決加入北約，因此發生了俄烏戰爭。

普丁先生
圖片來源：《維基百科》

一件事情的發生，總有主因、次因，以及導火線等許多因素的因緣際會。相對的，只要在其構成的環節中，失落一節，事情即被中斷而不會發生。因此，筆者認為，這場戰爭本可避免，卻因澤倫斯基的誤判，或認為有美國做靠山而有恃無恐，然不管什麼理由，都不應該讓戰爭發生，只要澤倫斯基不要那麼堅持在此刻加入北約組織，普丁就沒有理由攻打烏克蘭，時機是可以等待，臺灣人要引以為戒。

大家都說普丁是個狂人，是個瘋子，澤倫斯基卻不知道狂人、瘋子會做出什麼行徑。美國總統拜登

拜登先生；圖片來源：《維基百科》

---

[3] 烏克蘭境內有大量人口是俄羅斯民族，與俄羅斯有緊密的社會文化關係，故在戰略上，普丁將之視為俄羅斯的後院，如果烏克蘭加入北約，在普丁看來就是把北約帶進了自家的後院，且北約一直在接納來自東歐的新成員來東擴，侵佔俄羅斯政治勢力的影響範圍，這是俄羅斯所不能忍受，故普丁希望西方保證烏克蘭永遠不會加入北約，但美國不僅沒有答應，還鼓勵烏克蘭加入北約。

鼓勵烏克蘭加入北約,澤倫斯基難道不知美國對俄羅斯的戰略,如果知道還配合,那更是可惡。美國認為烏克蘭加入北約,可以有效防堵俄羅斯的發展,即使引發戰爭,也可以藉此拖垮俄羅斯的軍事與經濟,只要不介入並源源不斷的提供武器等軍援烏克蘭,以拉長戰爭的時間,防堵俄羅斯發展的目的同樣可達到,反正在境外打不是在自己的國土上,自然也不需要考慮太多,這是霸主者的心態。所以,俄烏戰爭並不會那麼快結束。

從普丁的立場看,捍衛人民的安全,確保國家的發展,是身為國家領導人的職責;從澤倫斯基的立場講,確保國家的安全,也是身為國家領導人的職責,兩者皆沒有錯。但引發戰爭,讓人民流離失所,便是錯,這不是人民的選擇,卻要人民來承擔,人民是多麼無奈與無辜。所以,雙方都必須譴責。對於普丁與澤倫斯基的決定,只能說他們不夠明智,不明智的國家領導人,是會害慘國家也害慘人民。但話說回來,他們也都是人民選出來的總統,最終的後果由全民來承擔,似乎也是理所當然。

亞努科維奇先生
圖片來源:《維基百科》

在2014年之前,烏克蘭由親俄派的亞努科維奇總統執政,與俄羅斯維持良好的關係,彼此相

安無事。然在2013年11月開始的〝烏克蘭親歐盟示威運動〞，使得衝突迅速升高，隔年即發生〝烏克蘭革命〞，亞努科維奇政府下臺，由親西方派主導烏克蘭政權，也引起隸屬烏克蘭之克里米亞地區的危機，該地區被併入俄羅斯，於是烏克蘭將加入北約組織作為優先任務。如果，當時沒有那一場〝親歐盟示威運動〞，也許就沒有今日的俄烏戰爭。

俄烏戰爭，本是俄羅斯與烏克蘭二者的問題，卻由第三者美國來操控。最終的結果，俄羅斯與烏克蘭保衛國家安全的目的，都沒有達成，且兩敗俱傷，至少20年才能恢復，影響所及是全世界，尤其歐洲更為嚴重。只有美國達到目的，是唯一的獲益者。

從俄烏戰爭整個事件，對照於〝臺海危機〞，如出一轍。俄羅斯與烏克蘭本是同根生，大陸與臺灣亦是如此；人民對於政治主

習近平先生：圖片來源：《維基百科》

蔡英文先生：圖片來源：《維基百科》

張也是分歧，各有堅持；俄羅斯對烏克蘭的底線是〝不可加入北約〞，大陸對臺灣的底線是〝不可宣布獨立〞；同樣有第三者美國在操控，其目的亦相同，防堵中國的

發展；領導人普丁與習近平，都是霸主者心態；蔡英文也看不出比澤倫斯基明智。故從俄烏戰爭的模式發展來看，便可預知兩岸的結果。很諷刺，臺獨主張者一心一意想要獨立建國，卻促成中國提早統一，我想中共最感謝的人應該是他們，但要死多少人啊！生命無價，人民何其無辜與悲哀！除非兩岸出現睿智的領導者，可以和平解決兩岸問題，但以目前來看，不可能，真叫人擔心。

如果我們能以人民生命的立場去看待，或許有一個瘋狂的想法可以免除兩岸的戰火。同意者，在心裡按個讚！不同意者，看看就好！不必罵我是賣臺者，怎麼賣？而我也沒有那麼偉大。

大陸對世界喊出臺灣是中國的一部份，是大陸單方的一廂情願，臺灣並沒有同意；而大陸對中國統一的政策，是一國兩制並讓臺灣擁有自己的軍隊，意即可以讓臺灣自己處理內部的問題而不加以干涉。

同理，如果大陸在○○年10月1日對世界宣布中國統一，也是大陸單方的一廂情願，臺灣並沒有同意；兩岸一國兩制的現況也沒有任何改變，自然不會有任何阻擾，頂多臺灣當局罵一罵而已；臺灣內部的問題就由他們自己處理。

接著以10月1日建國紀念日來做為中國統一紀念日，並以「**中華人民共和國建國○○周年暨中國統一啟**

始年紀念」為由，邀請世界各國領袖參與北京的慶祝大會，各國領袖不一定會參加，但親中領袖一定會賞光。臺灣內部至少統派人士，也在臺灣加以慶祝，並派代表參與北京的慶祝大會。大陸當局於慶祝大會中，宣布中國形式上統一，即日起取消所有針對臺灣的軍事演習，並對臺灣釋出善意。

　　這種作法雖也是大陸單方的一廂情願，但它比大陸喊出臺灣是中國的一部份，並開出一國兩制為條件來與臺灣協調中國統一的可能，儘管大陸軟硬兼施了幾十年，臺灣依舊不為所動，連談都不跟你談，大陸又礙於美國一直處於無可奈何中！以致目前兩岸瀕臨戰火。這種先以形式上的中國統一，頂多如〝九二共識〞的兩岸各說各話而已。但他獲得臺灣部份人的同意，不費一兵一卒，沒有任何破壞與損失，和和平平的中國統一，兩岸瀕臨戰火的局勢馬上解除，大陸當局對內部也有一個交代，尤其是當前經濟與科技上的困境，也可以專心處理。故凡有智慧，有理性的人，不管是臺灣或是美國，甚至世界，都能理解這是解決目前臺海危機的唯一方法。至於如何的實質統一，就沒有時間的壓力，讓他自然而然的發展，以致水到渠成。

　　兩岸的未來，不管是獨立或是統一，皆應讓兩岸人民充分了解，尤其是彼此間的了解，因為不了解，容易產生誤解，誤解會造成誤判，誤判容易發生悲劇，悲劇

如果緣於誤會，那就得不償失。臺灣二二八事件，雖然起於一件取締私菸的小事，卻因蔣中正的誤判，造成多少人的生離死別，撕裂整個社會，雖然已超過半個世紀，但是省籍情結至今還在延燒。可見，悲劇只要一發生，雙方便背道而行，越走越遠，不得不慎；兩岸如能

臺灣二二八事件，在圓環緝菸事件後包圍臺灣省專賣局臺北分局的抗議群眾
圖片來源：《維基百科》

彼此了解，進而有正確的判斷，正確的選擇，縱然悲劇發生，也是自身的選擇，無可怨尤，也是死得其所。兩岸領導人應致力給雙方人民有這樣的選擇權利，生死大事，絕不可欺騙人民，才不會留下〝不道德〞的罵名而千古流傳。

筆者當然也知道，儘管再多的奔走與呼籲，也難撼動一間鐵屋子，縱能如魯迅所說：「假如一間鐵屋子，是絕無窗戶而萬難破毀的，

魯迅先生
圖片來源：《維基百科》

裏面有許多熟睡的人們，不久都要悶死了，然而是從昏睡入死滅，並不感到就死的悲哀。現在你大嚷起來，驚起了較為清醒的幾個人，使這不幸的少數者來受無可挽救的臨終的苦楚，你倒以為對得起他們麼？」卻也是清醒者的悲哀，只能秉持「明知不可為而為之」的儒家精神，凡事盡心，得失隨緣。最後，寄望於「然而幾個人既然起來，你不能說絕沒有毀壞這鐵屋的希望。」那麼一絲微小的希望火花。

　　本書之因緣，起於每當選舉季節來臨時，臺灣的天空總是灰灰，政客的嘴臉總是牽動百姓的神經，社會更不得安寧，我難免會表達一下意見，然我內人說：「不投票的人，沒資格批評。」於是我閉了嘴。電視上的名嘴，也總是口無遮攔大放厥詞，讓我覺得他們把人民當作白痴耍得團團轉，氣得想把電視砸掉，然我內人說：「不投票的人，沒資格生氣。」於是我也不再看政論節目，但我憋著實在難受，於是找年輕的晚輩訴訴我的憂患，卻遭當面嗆回！我內人常勸我要當個好國民，雖然都是爛蘋果，但總是有比較不爛的蘋果。偏偏我是完美主義者，不是好蘋果我不願意選，更何況這是我人生的第一次，我不願意就這樣被糟踏。這一生，我這一票如果投不出去，固然是我的遺憾，也是國家的悲哀。

　　雖是如此，然而臺灣是我的家，家沒了如何談安身立命，我表面對政治雖是冷漠，實則憂心忡忡。龐建國

學習了屈原，把他「不公不義的臺灣，我生不如死！」的憂心，化為偉大的情操，以身殉國。然而，一條人命，竟激不起一絲絲漣漪，就如黃春明的小說〈溺死一隻老貓〉一樣，死了就算，沒人反省，也沒人會在意，徒增家人哀傷不已，身在目前的臺灣社會，還真是悲哀！我沒有屈原的偉大，也沒有龐建國的情操，但牢騷總是要發發，這便是本書的由來，並藉此牢騷告訴我的同胞，如何解決兩岸的困境，避免臺海戰火，進而兩岸和平共存共榮。

龐建國先生;圖片來源:《立法院》

本書之撰寫，筆者秉持學術客觀的原則，當然我所謂的客觀，已然含有主觀上的客觀，不過這也沒辦法，我盡量不帶意識形態，以及本著良心，忠於自己，不畏權貴的態度為之，如有得罪他人，還請見諒！尤其是為了完整論述，難免有圖文重複現象，如有人物無附圖則

清殿本屈原像;圖片來源:《維基百科》

因無公有領域或免費授權圖片，以及兩岸對〝中國〞一詞的認知不同，大陸所指乃中華人民共和國；臺灣則指中華民國，為避免混淆，本文在表示兩岸時，即以大陸與臺灣稱之。其有關參考文獻或引用圖文資料，以《維

基百科》、《百度百科》等為主。當然！如有缺失，還望時賢指正，或不慎侵權時請告知，筆者將立即改正，特此聲明！

人生際遇，本是無數因緣的組合，任一環節之失落，皆可能促成其不同結果，因果關係乃天理循環的定律，小至個

中英戰爭
圖片來源：《維基百科》

人大至國家均是如此。中國自清朝道光二十（1840）年中英戰爭起，至民國三十八(1949)年國共二次戰爭止凡

109年間，皆處於戰亂時期，百姓妻離子散死傷無數，這不僅是中國人的苦難，也是人類之悲哀。然而當我們在飽嘗

國共二次戰爭，1949年4月23日中共解放軍在渡江戰役中占領南京總統府
圖片來源：《維基百科》

戰火蹂躪後，實應思其前因後果進而引以為戒，時時不敢忘記，歷史悲劇或不復發生，尤其是今日海峽兩岸的關係，日益惡化，已面臨戰火邊緣，還望政治人物能慎重，不要重蹈覆轍，人民之福！也是筆者所盼。

蔡輝振　寫于臺中望日臺

2022.06.19

壹、真情告白

一、黨藉性格主張

二、未曾參與選舉

三、未曾參與身出

四、筆者出身兩岸

筆者首先表明有四：

一、未曾參與政黨

我沒參加過任何政黨及活動，也不想與政黨人物有交集。我服役於裝甲部隊，期間連長有意晉升我為下士班長時，人事士官長要我加入國民黨，我斷然拒絕，寧可不升也不要加入政黨，後因士官長見我態度堅決而作罷。過去的師長、朋友們，也曾邀請我加入政黨，並明言加入的好處，我依然拒絕，不為所動。

2005年6月，我應重慶市政府之邀，參加其主辦之《抗戰文學國際學術研討會》，會中結識馬鶴凌老先生在大陸時期的幾位老同學，並相談甚歡，這些前輩除問候馬鶴凌外，也要我幫他們帶一封信，回臺轉交給馬鶴凌老先生，他兒子馬英九先生時任臺北市長，這是我認識政治人物的好機會，但我並不想，同事便求我讓他交給馬市長，我認為不妥但又不知道老先生的地址，只好寄給馬市長代轉。其中，該封信中，有馬老先生的老同學們，為他收集散落人間的詩作計53首。茲列舉二首：

第1首　西行別亲友

廿年书剑守桑麻，风起云飞望眼赊。
家国已深臣子恨，潮流还纵纪纲斜。

荒山欲夜怜新月，大地经秋感野花。
烽火点燃尘土梦，挑囊负剑走天涯。

第21首：花溪曲

少年落落走风尘，剑热琴狂浑一身。
偶到名山花下醉，花溪秋夜梦游春。
梦驾仙槎游水曲，忻然若遂平生欲。
绿荫深处有佳人，莲艳云鬟看不足。
弃桨抛舟沿水行，紧随倩影终幽谷。
晚风习习送清香，潜到花丛兰麝馥。
花丛尽处卧朱桥，红袖多情桥上招。
欲笑还颦羞欲语，霞飞双靥万般娇。
娇羞无那低垂首，语有万千难出口。
眉敛青山眼欲波，回头笑指桃林后。
桃花林里觅芳踪，遍地桃花似笑侬。
苦为寻芳迷去路，月明寒重露华浓。
月夜霜寒添寂寞，花花叶叶纷纷落。
忽然径绝泛波光，弱水平溪烟漠漠。
平溪隔岸有扁舟，人在盈盈水上浮。
万唤千呼都不应，笑挥长袖语轻柔。
道儿不解三生事，儿为君歌君未愁。
春去秋来山与水，花开花落生还死。
儿身竟日葬花忙，人笑儿痴儿自是。
儿爱君情未爱君，不须惆怅怨行云。

愿为牛女天河会，暮暮朝朝分未分。
道是分时君莫绝，道是合时儿未决。
溪上花开能几时？劝君珍惜不须折。
儿是溪边野菊花，年年闲在水天涯。
愿君不涉尘缘事，愿沐秋霜涤素华。
歌罢仰天长叹息，水波欲濑啼鹃泣。
江干惆怅听歌人，负手低徊难自释。
低徊花下几多时，月上中天露上枝。
暗问芳心何自苦？感伤宁为我来迟。
我亦匆匆行路客，惜花心为爱花痴。
卿为我歌怜独客，我闻乡歌泣泪泄。
卿意悠然放意歌，歌残独客奈愁何？
我为惜花心欲得，卿为惜花不许摘。
我卿同为惜花忙，花事匆匆人断肠。
悠悠苍天曷有极？花飞客去无人惜。
同声一哭泪阑平，梦觉身浮云雾间。

　　2021年初，我接到本會(國際魯迅研究會)秘書長葛濤先生的邀請，說今年9月26日將在北京舉行「紀念魯迅誕辰140周年座談會」，屆時高層領導中央政治局委員、中宣部部長黃坤明等，會出席講話並接見來自世界各國的魯迅研究學者，習近平主席可能也會出席，你若出席會議就有可能跟習主席握手，你是本會的臺灣代表理事，臺灣我只邀請你一人。我婉拒並說我沒興趣跟政治人物握手，他很驚訝！多少人夢寐以求。

二、未曾參與選舉

　　我沒參加過任何地方與中央選舉。我不喜歡政黨，更討厭政客，雖曾對國民黨王建煊先生，競選臺北縣(今新北市)長時動過心，但從民意調查發現，大局對他不利而作罷。也曾對林義雄先生，為一生所堅持的理念，離開當時仍然執政的民進黨而尊敬，但從他以絕食抗議靜坐的方式，迫使馬英九政府宣布

王建煊先生；圖片來源：《維基百科》

核四停工而灰心，因我認為核四是技術問題，不是政治問題，應該回歸技術面來討論，不應該以政治脅迫來解決問題。

　　當時我曾想去陪林義雄靜坐絕食抗議，並表明核四是技術問題，反對以政治脅迫的方式，讓正反雙方意見呈現於國人面前，而能得到充分的討論，奈何家人反對而作罷。如果我是馬英九，我會去陪林義雄靜坐，一者表示對他的敬重，

林義雄先生
圖片來源：李忠衛提供

二者讓問題回歸專業層面來解決，也不至於到今日，核四依舊紛紛擾擾，要鬧到什麼時候還不知道，財產損失至少三千億以上，以後如何更難於估計。

馬英九先生；圖片來源：《維基百科》

直至目前為止，我僅參加過2018年的一次公投，該公投有10個議題，我也僅對「您是否同意，以民法婚姻章保障同性別兩人建立婚姻關係？」這個議題表示〝同意〞而已。但竟然〝不同意〞票多於〝同意〞票〝沒通過〞。這對於號稱世界最民主國家之一的臺灣，實在是很大的諷刺，也是很荒謬的事情。我的幸福，為什麼要經過別人的同意，這不是很奇怪嗎？當然，如果是帝制或是共產的國家，又或者不要自詡為世界最民主國家之一，我自然閉嘴。

民主是建立在〝自由〞與〝平等〞兩大基石上，進而以法律，尤其是憲法為手段來確保每個人的〝基本人權〞，該人權是與生俱來，不需要經過他人的同意而賦予，具有普遍性與永久性，是世人的普世價值，也就是法國·盧梭(Jean-Jacques Rousseau，1712～

盧梭：圖片來源：《維基百科》

1778年)所主張的〝天賦人權〞。而所謂的自由，自然應當以不妨害他人的自由為自由，這是英國‧彌爾（John Stuart Mill，1806～1873年）所主張的〝真自由〞；而所謂的平等，並非指先天上的平等，而是指後天之人格平等、機會平等、權利平等，這便是孫中山先生（1866～1925年）所主張的〝真平等〞。試問：

彌爾：圖片來源：《維基百科》

1.同性戀者，婚姻的選擇，有沒有妨害到他人的自由？沒有！跟別人毫無關係。所以政府應該以法律為手段，來確保他們的自由選擇權，否則就違反憲法。

2.同性戀者，婚姻的選擇，與你我婚姻的選擇，可不可以有差別的待遇？不可以！所以政府應該以

孫中山先生：圖片來源：《維基百科》

法律為手段，來確保他們的平等選擇權，否則就違反憲法。

3.同性戀者，婚姻的選擇，可不可以立專法來保護？不可以！有歧視同性戀者為弱勢之嫌，更違反平等人格權，應該與你我一樣受民法的保護，這是憲法所賦

予的權利，如果與民法有所牴觸，自當修改民法，不應該立專法來保護。

同性婚姻的議題，本不應該拿來當公投議題。如果我是蔡英文，基於捍衛基本人權，我會排除眾議，直接要求修改民法，豎立一個民主的典範。

蔡英文先生：圖片來源：《維基百科》

每當選舉季節來臨時，臺灣的天空總是灰灰，政客的嘴臉總是牽動百姓的神經，社會更不得安寧，我難免會表達一下意見，然我內人說：「不投票的人，沒資格批評。」於是我閉了嘴。電視上的名嘴，也總是口無遮攔大放厥詞，讓我覺得他們把人民當作白痴耍得團團轉，氣得想把電視砸掉，然我內人說：「不投票的人，沒資格生氣。」於是我也不再看政論節目，但我憋著實在難受，於是找年輕的晚輩訴訴我的憂患，卻遭當面嗆回！

我內人常勸我要當個好國民，雖然都是爛蘋果，但總是有比較不爛的蘋果。偏偏我是完美主義者，不是好蘋果我不願意選，更何況這是我人生的第一次，我不願意就這樣被糟踏。這一生，我這一票如果投不出去，固然是我的遺憾，也是國家的悲哀。

三、筆者出身性格

　　我是農家子弟，出生於臺灣一個臨海僻鄉的村莊中的一個傳統家庭，這個窮鄉僻壤的村莊，造就了我樸實剛毅的個性，而與海為伍的日子，培育我遠大抱負的胸襟，但這個深具中國傳統特色的家庭，卻帶給我灰色的童年，在記憶所及，盡是受委屈後與母親相擁而泣的片段，毫無一絲笑容可追憶。

　　國中畢業那年的秋天，名為理想，實為被迫，無奈流浪他鄉，雖然是初次離鄉背井，雖然是面臨茫茫窘境，但為了實踐「志未成，誓死不還鄉」的諾言，我已學會不再流淚，畢竟淚填不滿人生的遺恨，惟有勇敢去面對那不可預知的未來，所以我在日記寫道：「我感謝上帝，賜給我一個不同的環境，也給我一個奮鬥的機會，我將堅決要與命運搏鬥一場，我深信命運操在我手中，也深信有朝一日，我會踏著滿地的落葉歸回。」

　　幾經滄桑後，我終於完成大專學業，多年來的半工半讀生涯，其中之辛酸有如「寒天飲冰水，點滴在心頭。」我真慶幸自己能熬過那艱苦的日子而不被漩渦帶走。

　　畢業後即致力所學，將電腦的技術運用於家庭日常生活中，擁有十幾件國內外專利，並曾先後榮獲外貿協會〝優良設計獎〞、全國發明比賽〝優良發明獎〞、德

國紐倫堡國際發明比賽〝金牌獎〞、美國紐約國際發明
比賽〝金杯獎〞、瑞士日內瓦國際發明比賽〝銀牌獎〞、
中山學術技術發明獎〝得主〞，以及臺灣省主席獎、經
濟部部長獎、教育部部長獎等。

　　產品在一連串得獎後，即挾其威名而大獲其利，業
務成長更是驚人，公司也急速擴張中，我的事業如日中
天，所涉之處有電子業、家廚業、養殖業、招標工程、
超級市場等，當時我才二十九歲。奈何！少年得志未必
是一件好事，凡事皆認為有我在一切搞定的狂傲性格，
致企業膨脹太快，加上公司被倒債而拖垮。後以專利和
財團合作，卻又雞雞逃命落溝渠，不到兩年即全部被併
光，留下兩袖清風。

　　在沉思痛省後，覺得以我純樸性格，並不適合在商
場上浮沉，且從商非我理想，於是重拾書本至國外留學，
向我的目標--〝教師〞前進，時已1992年秋天。

　　1997年夏天，我終在兩度鳳凰花開，驪歌高唱時，
完成文學博士學位，雖有一份喜悅、一份眷戀，然終擋
不住歸心似箭的鄉愁。別了！美麗的香港，縱要面臨就
業的徬徨，也要回到屬於我的地方，守著吾妻，守著吾
女，吾願足矣！在這其間，我曾獲得1993年香港中國文
化協會所舉辦的全球華人徵文比賽〝佳作獎〞。黃鶯初
啼，即榜上有名，對於爾後寫作更具信心，然此份榮譽

再也不能與慈母共享，這是我一生心中的痛。猶記離別時叮嚀，相約兩年後的團聚。奈何！慈母不待我歸，驟然而去，叫我何處再聞慈母喚兒聲，真是情何以堪，不覺聲淚俱下：

昨日叩別惜依依，望兒學成早日回。

今日跪臨淚涔涔，只因慈母乘鶴歸。

慈母已逝，承歡膝下的美夢，亦不能再續。唉！「樹欲靜而風不止，子欲養而親不待。」真不知道盡多少人對生命的無奈！實令人欲哭無淚。

回國後，即順利在實踐大學高雄校區通識教育中心任職助理教授兼註冊組工作，1998年初升等副教授兼總務主任以及通識教育中心召集人；後調回臺北校區並兼進修暨推廣教育部副教育長。

2003年春天，本著「老驥伏櫪，志在千里；烈士暮年，壯心不已。」的胸懷，毅然決然的離開繁華臺北，來到雲林鄉間尋找屬於我的天空，任職國立雲林科技大學漢學研究所專任副教授，2008年升等教授，2013年兼任所長(一任)，以及數位典藏中心主任至退休。其中，曾至廈門大學臺灣研究院客座、內蒙古大學文學院客座、康寧大學借調副校長、教務長、人文資訊學院院長、國立雲林科技大學圖書館館長、國家文官學院講座教授、《國士無雙》國家講座主持人暨學術得獎人專輯主

筆，以及天空家族企業總部顧問等職。雖然雲林天空總
是灰灰，是時曾幾度感慨地不如歸去，但灰灰的天空有
時也會雲清煙散，更讓人懷念不已。人生不也是如此，
不容易得到的東西，往往較令人珍惜。

理想能實現，是件令人興奮的事，但讓我懷念者，
卻是那一段苦澀的歲月；而令我欣慰者，是沒辜負母親
的期望；讓我感謝者，是從小譏笑我、鄙視我的那一群
親人，我今日的成就，便是來自於他們給的動力。

至於我的性格，尤其不喜歡政黨的原因，緣於我是
一個自命清高又自負的人，深知不適合在政治圈浮沉。
其性格有如大漠之鷹，喜歡翱翔於天空；脫韁之馬，愛
好奔馳於草原，隨興又放蕩，我只關心我的研究成不成
功，別人的事我懶得過問，諒不諒解我是別人的事，與
我何干？在學歷上尤為自卑，雖擁有博士學位，卻來自
於放牛班，如果有人問我是哪個大學畢業，我會叫他別
問，再問我便老羞成怒，這是自卑在作祟，所以在我內
人的眼裡，無一是處。我出身理工，研究於哲學，愛好
於文學，對事情的看法總與別人不同，更不為別人所接
受，故而常嘆〝高處不勝寒〞。

從小喜歡閱讀謀略書籍，尤其是《三國演義》。一
般人皆會崇拜諸葛亮，或關雲長等英雄，很少人會崇拜
〝曹操〞，而我一生所崇拜者，唯曹操一人耳。許劭評

他為「盛世之能臣，亂世之梟雄。」他「武能上馬安天下，文能執筆冠群英。」是一個傑出的政治家、軍事家、謀略家、文學家、書法家。一首〈短歌行〉「對酒當歌，人生幾何？譬如朝露，去日苦多。慨當以慷，憂思難忘。何以解憂？惟有杜康。」道盡人生的短促，人生的無奈！縱白髮蒼蒼，也還要「老驥伏櫪，志在千里。烈士暮年，壯心不已。」怎不令人神往。

曹操
圖片來源：《維基百科》

　　我們總喜歡從表面看待事情，更相信自己所見所聞，而一昧認定是事實的真相，不肯深入了解事情的原由，於是誤會、爭議不斷的發生，鬧得社會不得安寧。

親眼所見就一定是真實嗎？如我曾在一次的返鄉潮，高速公路休息站擠滿人車，停車格自是一位難求，僅剩一個勉強能停進去如圖一，人卻很難出來的位子如圖二。

圖一

我去洗手間、買飲料回來，右邊車已離去，留下一個空位，卻聽到左邊車主及他家人大罵我自私沒公德心，右邊空位那麼大，不停過去一點，害他們很難上車如圖三。我心想！如果你們懂得哲學思考，思考一下就會了解真實，縱我再怎麼自私沒公德心，也不至於為難自己吧！如果可以停過去，我為什不停過去，我也很難進出啊！如圖四。可見，我們親眼所見的事情，也不一定是真實，但我們卻固執於親眼所見。

人生有三境界：第一境界：見山是山；第二境界：

見山不是山；第三境界：見山還是山。一般人執著於第一境界，相信自己的知識與經驗，更相信自己的親眼所見；而我常以第二境界，更深層來表達看法，自然不被第一境界的人所接受，偏偏我用了第一境界來看待他們對我的反駁，以致我常嘆〝高處不勝寒〞的困擾；如今，我已不再煩惱，我會從他們的立場去看待，就會覺得當然如此，我想這應是第三境界吧！

四、筆者兩岸主張

當我在國外時，有人問我是哪裡人，我會說I come from China(我來自中國，中華民國的中國)；當我在大陸時，有人問我是哪裡人，我會說我來自臺灣；當我在臺灣時，有人問我是哪裡人，我會說我是彰化人。當有人問我，中國與臺灣較愛哪個地方，我會說我愛中國，更愛臺灣，因臺灣是我的家鄉。

我與內人結婚時，承諾要帶她走遍世界每個角落，因此我們遊歷過很多國家，尤其是大陸更超過130回，次數是我從臺胞證上的印章算出來的，除西藏外每個旅遊景點幾乎都走過，也有多次是參加學術研討會。大陸朋友總喜歡問我二個問題：一為你承認中國嗎？「我承認呀！承認文化的中國，它的歷史或地理，我知道的未必比你少。」二為你贊成兩岸統一，還是臺灣獨立？我回答說：「中國是我們祖先留下來的遺產，我沒有理由把財產讓給你們，它是我們所共同持有。今日我們只因上一輩的恩怨而爭吵不休，你我之間並沒有什麼仇恨，況且我們的交情還非常好。所以財產要分要合，兩岸都應該坐下來心平氣和地談一談。」

我應該沒說過〝愛臺灣〞，但1997年以前我在香港讀博班時，已取得〝香港臨時身分證〞，在第七年即可

拿到〝永久居留權〞時，我卻以「我是臺灣人，死也要死在臺灣。」毅然放棄永久居留權而回到我的家鄉--臺灣。更因這種觀念，放棄有可能在香港任教的機會，回臺面對就業的徬徨。

　　我致力於兩岸的交流，增進彼此的了解。我是臺灣第一個研究魯迅拿到博士學位；第一個陸續聘請北京大學教授來臺客座一個學期；第一個促成廈門大學臺灣研究院同時與政大及本所簽訂學術交流。

　　最喜歡講臺灣故事給大陸朋友聽，尤其是來臺拿學位或交換生，我常請他們吃飯，開著吉普車帶他們到處遊玩，尤其是我家鄉鹿港小鎮，是

陝西師大師生於鹿港龍山寺合影
圖片來源：蔡輝振提供

必須拜訪的地方，品嘗已傳承三代60幾年的〝麵線糊〞，只有鹿港〝王罔〞這一家才有，天后宮的〝蚵仔煎〞、〝蚵嗲〞等美食。鹿港沿海產蚵，所以蚵的量特別多又肥美，他們吃得直呼過癮。並鼓勵兩岸的年輕人談戀愛，當彼此的女婿或媳婦，讓兩岸從廣義的一家親，成為狹義的親人。

　　我鼓勵學生要有國際觀，把競爭對手擴大到世界，尤其是大陸，難免會介紹大陸近30年來的發展，歐美用一個世紀才發展到的水準，大陸用30年即與歐美並駕齊驅。學生在教

陝西師大師生鹿港天后宮前小吃店合影
圖片來源：蔡輝振提供

學評量上說：「老師是共產黨的同路人，都說大陸好！」雖讓人無言！但我仍不改初衷。

　　目前社會的氛圍，動不動就有人PO上網，也不查證，甚至有人故意曲解、栽贓、汙名化等情事，政治敏感，讓人不得不戒慎恐懼。當然！我既已表明立場，如果還有人刻意曲解，那便是他的事，就不關我的事了。

貳、兩岸關係

一、中國的起源與發展
二、臺灣的起源與發展
三、兩岸的情緣與糾葛

　　孟子曰：「頌其詩，讀其書，不知其人可乎？是以論其世也。」意即吟詠他們作的詩，讀他們著的書，不知道他們的為人行嗎？因此要研究他們所處的時代啊！如此才能掌握作品的精隨。同理，要解決問題，首先要了解事物的本質，才能掌握問題的所在，進而尋求解決問題的方法，順勢而為水到渠成。故本單元將以中國的起源與發展、臺灣的起源與發展，以及兩岸的情緣與糾葛來說明如下：

孟子
圖片來源：《維基百科》

一、中國的起源與發展

1·中國的起源：

　　有關中國的起源，可從中國的名稱、中國的地理、中國的疆域，以及中國的部族等說起：

A.中國的名稱：

　　中國一詞，最早見於文獻者為《尚書·梓材》：「皇

天既付中國民越厥疆土於先王；肆王惟德用，和懌先後迷民，用懌先王受命。」至今已有三千多年。這時的中國概念，僅指於〝居天下之中〞的邦國。在商、周時期的華夏人認為，天子居住的都城是在整個天下的中間，以外依次有侯、甸、采、衛等衛戍；再之外圍則為蠻、夷、戎、狄，〝居天地之偏〞，稱之為四夷。遲至春秋戰國時期，中國的概念才演變到指諸侯列邦之全體，也就是一個完整國家的概念。

B.中國的地理：

中國位於北半球，亞歐大陸的東部，太平洋的西岸，其經緯度為：東半球73°E～135°E，北半球18°N～53°N。在上古的喜馬拉雅構造時期，印度板塊與亞歐板塊撞擊，致使青藏高原隆起，形成中國的地貌。該地貌呈現西高東低，階梯狀

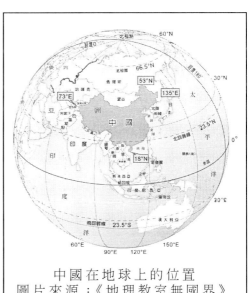

中國在地球上的位置
圖片來源：《地理教室無國界》

的分布：西南部是〝世界屋脊〞，全球平均海拔最高的高原--青藏高原，平均海拔4,000米以上為第一階梯；以崑崙山脈、祁連山脈、橫斷山脈為界，向東向北下降為

一系列高原和盆地，平均海拔1,000～2,000米為第二階梯；在大興安嶺、太行山、巫山、武陵山、雪峰山一線以東，多為平原和丘陵為第三階梯；再向東為中國大陸架淺海區，為第四級階梯，水深大都不足200米。

面積則山脈約占三分之二，平原約占三分之一，有：青藏、雲貴、內蒙古，以及黃土等四大高原；塔里木、準噶爾、柴達木，以及四川等四大盆地；東北、華北，以及長江中下游等三大平原。主要河流有：長江、黃河、黑龍江、珠江、淮河等。其中之長江與黃河，是中國最長的兩條河流。

C.中國的疆域：

中國疆域自遠古以來不斷的演變，經過數千年的發展歷程，其朝代各有增減。大約在七千年～一萬年以前，華夏部族活動於黃河中下游

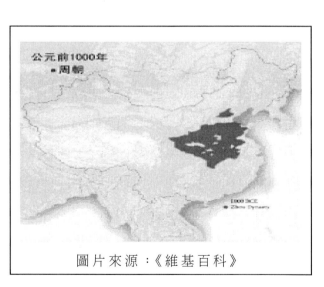

圖片來源：《維基百科》

的中原區域，而周邊則分布著東夷、百越、楚、西戎等先秦部族。夏、商、周以後王朝的疆域逐漸擴大至長江

流域，秦朝（公元前221～前207年）把疆域擴張到北至

河套、陰山與遼水下游，南達越南東北、西至隴山、川西和雲貴，東抵朝鮮半島北部，並採取郡縣制，統一大禹時期的天下九州，約360萬平方公里的漢地，奠定了中國政治、經濟核心地帶的基礎。其中之九州為：冀州、兗州、青州、徐州、揚州、荊州、梁州、雍州、豫州。

圖片來源：《維基百科》

圖片來源：《維基百科》

D.中國的部族：

　　中國歷史如果從文字出現的商朝算起約有三千五

百年；從三皇五帝的傳說時代算起約有四千六百年；從
盤古、上帝、女媧等不確定的神話時代算起約有五千年；
從標誌著人類文明萌芽的新石器時代磁山文化算起約有
一萬年；從人類開始脫離原始生活的舊石器時代藍田猿
人文化算起約有八十萬年的歷史。

　　其中之傳說時代，是指在文字出現以前，依靠世代
口耳相傳所描述的遠古歷史時代，包含神話與傳說。該
神話中，有所謂的盤古開天地，女媧補天造人，描述了
天地與人類的起源；該傳說中，有所謂的伏羲教民漁、
獵、畜牧，創造八卦文字，神農(炎帝)開創農業及醫藥，
燧人發明鑽燧取火，此
即三皇；三皇之後的首
領，則為黃帝、顓頊、
帝嚳、堯、舜等稱為五
帝。

　　根據《史記‧五帝
本紀》的記載，黃帝原
為炎帝部落的一個分支
領袖，強大以後在阪泉
之戰中擊敗炎帝，成為
新部落聯盟的首領，後
來又與東南方的蚩尤部
落發生衝突，在涿鹿之

黃帝
圖片來源：《維基百科》

戰中徹底擊敗對手，樹立自己的霸主地位。黃帝的孫子
顓頊和玄孫帝嚳，繼續
傳承部落聯盟的首領。
帝嚳的兒子堯繼位，創
立禪讓制，傳位給舜。
在舜時期，黃河洪水氾
濫，鯀採用堵塞的方
法，結果洪水氾濫的更
嚴重，後來鯀被處決，
他的兒子禹採用疏導的
方法治水成功，因此受

炎帝
圖片來源：《維基百科》

舜禪讓繼承帝位。許倬雲教授認為，炎帝和黃帝兩大部
落的融合，其後裔形成上古華夏部落，可見漢人是以炎
黃華夏民族為起源。

2.中國的發展：

有關中國的發展，承上中國的起源之中國的名稱、
中國的疆域，以及中國的部族等說明如下：

A.中國的名稱：

中國的概念至春秋戰國時期，才演變到指諸侯列邦
之全體，也就是一個完整國家的概念。而後發展到漢朝，
仍舊是延續先秦時期的家天下觀念，如漢使陸賈對南越

王趙佗說：「中國之人以億計，地方萬里，居天下之膏腴，人眾車轝，萬物殷富，政由一家，自天地剖泮未始有也。」並且出現了中國、外國之分與敵我區隔，與現代相似的用法。《史記・天官書》描述征西吉兆時說：「常在東方，其赤，中國勝；其西而赤，外國利。無兵於外而赤，兵起。其與太白俱出東方，皆赤而角，外國大敗，中國勝。」《史記・匈奴列傳》說：「然至冒頓而匈奴最強大，盡服從北夷，而南與中國為敵國。」

魏、晉、南北朝皆稱自己為中國。隋、唐兩代也自稱為中國，如唐太宗賜薛延陀國書有：「中國禮義，未始滅人國，以頡利暴殘，伐而取之，非貪其地與人也。」五代十國時期，僅有中原政權(後梁、後唐、後晉、後漢、後周)自稱為中國，南方的吳、南唐、吳越、楚、閩、南漢、前蜀、後蜀、荊南等沒有自稱中國。宋朝也自稱為中國，但在遼宋和金宋的南北對峙時期，中國一詞的政治意義再次凸顯，遼與北宋、金與南宋都自稱中國，也都不承認對方為中國。

其後之元、明、清三代也皆稱自己為中國，如元世祖賜高麗國書有：「中國之姓雖更，外邦之貴不闕。」給日本國書有：「日本密邇高麗，開國以來，時通中國，至於朕躬，而無一乘之使以通和好。」明太祖賜日本國書有：「朕本中國之舊家，恥前王辱，興師振旅，掃蕩胡番。」萬曆皇帝給豐臣秀吉的詔書稱：「咨爾豐臣平

秀吉，崛起海邦，知尊中國。」1689年清朝與俄國簽訂的《尼布楚條約》中，正式將〝中國〞作為現代國家概念的名稱使用。1912年中華民國成立後，便通稱中國，從此〝中國〞一詞，成為國際法現代主權國家的正式名稱。1949年中華人民共和國成立後，也通稱中國。

B.中國的疆域：

秦朝統一大禹時期的天下九州，約360萬平方公里。發展到漢朝（公元前206～公元220年），即在文景之治後，到漢武帝時期，武功極盛，領土空前擴張。前127年衛青北擊匈奴，收復河南地、隴西、北地、上郡的北部，置朔方、五原二郡；雲中、雁門二郡的北界也向外擴展到河套、陰山以北。前121年霍去病出隴西擊滅居於河西走廊的匈奴部落，以其地設酒泉郡，後又分割為張掖、敦煌、武威三郡，連同在湟水流域設置的金城郡，合稱河西五郡。前138年東甌王迫於閩越王的威脅，舉國內遷到今江淮流域。前111年漢軍把閩越國收

漢朝疆域
圖片來源：《維基百科》

入版圖。前112年漢軍平南越，又占領珠涯郡、儋耳郡等十郡(今海南省)，正式劃入中國版圖，但不包含東鯷(今臺灣)。在西南地區，漢軍又征服諸國，邊界一度推移到雲南哀牢山和高黎貢山。前108年漢軍吞併了衛氏朝鮮，設置東北四郡，由此漢代的疆域形勢蔚為改觀，全盛且有效時期的面積約609萬平方公里。

　　晉朝（公元265～420年）統一曹魏、蜀漢(263年為曹魏所滅)、孫吳等三國，疆域為三國的總和，北至山西、河北及遼東，與南匈奴、鮮卑及高句麗相鄰；東至朱涯州(今海南省)，以及東邊海岸線，但不包含夷州（今臺灣）；南至交州（今越南北部）；西至甘肅、雲

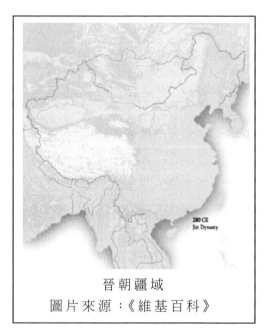

晉朝疆域
圖片來源：《維基百科》

南，與河西鮮卑、羌及氐相鄰。其政區制度承襲三國時期，為州郡縣三級制。265年篡位曹魏後，分雍、涼、梁三州之地設秦州，後分益州地設寧州，再分幽州地設平州。280年滅孫吳後得荊、揚、交、廣四州，並將荊、揚兩州與原曹魏荊、揚兩州合併，共19州。291年分荊、

揚州地設江州，307年分荊、江州地設湘州，至此共二十一州，全盛且有效時期的面積約540萬平方公里。

隋朝（公元581～619年）建立後，開始大規模領土的擴張。584年衰落的東突厥寄居漠南，隋藉此收復了河套地，設置五原、榆林等郡。589年吞併南陳，600年正式將珠涯、儋耳等郡(今海南省)納入版圖，但不包含流求(今臺灣)。609年平定吐谷渾，占領了伊吾，合為西北五郡。在西南地區，隋朝也恢復對南寧州的統治，全盛且有效時期的面積約有467萬平方公里。

隋朝疆域
圖片來源：《維基百科》

唐朝疆域
圖片來源：《維基百科》

　　唐朝（公元618～907年）建立後，由於文明昌盛，有多個國家自降或來貢，使得版圖向西和向北擴展，最遠到達中亞、外興安嶺地帶。630年唐軍滅東突厥，漠南地區成為唐朝的一部份。646年平定薛延陀，漠北納入唐朝的疆域，唐設置安西都護府、安北都護府等羈縻機構進行都督。在西北邊界上，657年唐軍平定西突厥，660年勢力一度延伸至波斯（當時屬於阿拉伯帝國）邊境的吐火羅地區，並在這些地區設置都督府州。在東北邊界上，645年唐軍傾力於東征高句麗，到了660年平定百濟，668年則平定高句麗，設立安東都護府於平壤管理此地；東南則至崖州、振州等(今海南省)，以及東邊海岸線，不包含流求(今臺灣)，全盛且有效時期的面積約有900萬平方公里。

　　宋朝（公元960～1279年）建立後，其最大疆域：在東北地區大致以太行山以南燕雲十六州之瀛州、涿州、幽州、薊州、順州、檀州、武州、蔚州、應州、朔州等為界。在西北地

宋朝疆域
圖片來源：《維基百科》

區則以銀州、洪州、蘭州，以致到節占城一線等為界，並設隴右都護府。在西南地區以茂州、雅州、羈縻州等為界。東南地區則至瓊州(今海南省)，以及東邊海岸線，不包含流求(今臺灣)，全盛且有效時期的面積約有280萬平方公里。

元朝（公元1271～1368年）建立後，據《元史》地理志的記載：「北逾陰山，西極流沙，東盡遼東，南越海表，蓋嶺北、遼陽與甘肅、四川、雲南、湖廣之邊。」大致的範圍為：西到今新疆東部，西南包括西藏、雲南及緬甸北部，北至中西伯利

元朝疆域
圖片來源：《維基百科》

亞高原南部，越過貝加爾湖，東北到外興安嶺、鄂霍次克海、日本海，包括庫頁島。東南則至瓊州(今海南省)，以及東邊海岸線，尤其是〝1281年澎湖正式設澎湖巡檢司，隸屬福建同安，使澎湖正式收入中國版圖，早於臺灣403年〞，但不包含琉球(今臺灣)，全盛且有效時期的面積約有1372萬平方公里。

　　明朝（公元1368～1644年）建立後，在東北地區設置遼東都司以經營遼東，並多次進軍黑龍江流域，招撫當地土著部落，其勢力一度達到外興安嶺與黑龍江口，並設置奴兒干都司。在西北地區與瓦剌、韃靼的邊界大致沿著陰山、大青山向東北至西拉木倫河一線，並設置四十多個衛所，以及新疆東部哈密地區，並設置沙

明朝疆域
圖片來源：《維基百科》

州、安定、阿端、曲先、赤斤蒙古、罕東左一系列衛所。在西南地區明軍於1381年將雲貴完全劃入其疆域，並設置一系列土司、宣慰司來管轄，隨後邊界曾達到緬甸中北部、寮國北部、泰國北部一線。在東南地區明軍於1406年進攻安南，南線達到日南州一帶，並設置安南布政使司，下設十五府、卅六州、兩百餘縣，以及延襲前朝設置澎湖巡檢司管理澎湖列島與瓊州府(今海南省)，下領三州、十縣，不包含小琉球(今臺灣)，全盛且有效時期的面積約有997萬平方公里。

　　清朝（公元1644～1912年）建立後，最大疆域在乾

隆二十四（1759）年之後：北起蒙古唐努烏梁海地區及西伯利亞；南至南海，包括：千里石塘、萬里長沙、曾母暗沙（今南海諸島）；西盡帕米爾高原地區，包括今新疆以及中亞的巴爾喀什湖；東北抵外興安嶺，包括庫頁島；西南達西藏的達旺地區、雲南省的南坎、江心坡地區等緬甸北部；東南包括臺灣、澎

清朝疆域
圖片來源：《維基百科》

湖群島，其中之臺灣於1683年首次併入中國版圖，也於1895年因甲午戰爭（1894年～1895年）的失敗，迫使清廷簽訂馬關條約將臺灣和澎湖之主權割讓給日本帝國。清朝全盛且有效時期的面積約有1,300萬平方公里。

中華民國（公元1912年～迄今）建立後，其陸地總面積約為1,142萬平方公里，是全世界純陸地面積第二大的國家。其疆域曾有多次變化，建國時大致繼承清朝領土，按《中華民國年鑑》規定疆域領土四極點為：

1.極東：合江省撫遠三角洲烏蘇里江和黑龍江合流之黑瞎島，東經135°4'；

2.極西：新疆省瓦罕
　帕米爾高原之噴
　赤河，東經71°；

3.極南：海南特別行
　政區曾母暗沙之立
　地暗沙海域，北緯3
　°10'～4°；

4.極北：蒙古地方唐
　努烏梁海之薩彥嶺
　嶠，北緯53°57'。

中華民國政府於 1928 年至 2005 年間公告之行政區劃及領土爭議；圖片來源：由 ZanderSchubert-自己的作品,CC BY-SA 3.0,https://commons.wikimedia.org/w/index.php?curid=11927458

但在建國之初因國家政局動盪，中央政府對邊疆控制力甚微，尤其對外蒙古、西藏均無實際控制權，屬於實際上的獨立狀態。1931年九一八事變，中華民國政府的不抵抗政策致使整個東北成了日本控制下的「滿洲國」。中華民國雖從未承認其合法主權，但實際上也沒

中華民國自 2014 年以後的行政區劃圖；圖片來源：由 Liaon98-自己的作品,CC BY-SA 3.0,https://commons.wikimedia.org/w/index.php?curid=37500544

有管轄權。1945年第二次世界大戰結束，根據《開羅宣言》收回東北與臺灣、澎湖。此時的面積約有968萬平方公里。

1949年中華民國因國共第二次內戰，失去大陸地區而退守臺灣，尤其是從1955年大陳島撤退後，中華民國僅實際管轄臺灣本島及其附屬島嶼，包含澎湖群島、金門群島、馬祖列島、烏坵嶼，以及東沙群島和南沙群島之太平島、中洲礁等島嶼，面積總計36,197平方公里。

1949年共產黨取得國共第二次內戰的勝利，成立中華人民共和國，首都為北京市，領土面積約960萬平方公里，分為23個省份、5個自治區、4個直轄市和2個特別行政區。2014年起，開始在南海大規模填海造島，拓展海洋疆域。

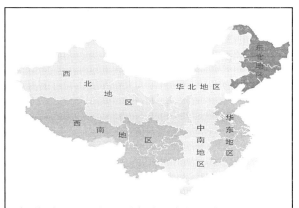

中華人民共和國疆域：圖片來源：由 Ericmetro-自己的作品, CC BY-SA 3.0,https://commons.wikimedia.org/w/index.php?curid=23683407

C.中國的部族：

炎帝和黃帝兩大部落的融合，其後裔形成上古華夏部落，是為漢族的起源。據《山海經》記載：「古羌人

為炎帝神農氏的後裔，為姜姓之祖。」《詩經‧大雅》中也提到：「昔有成湯，自彼氐羌，莫敢不來享，莫敢不來王。」西漢‧司馬遷《史記》上亦說：「禹興於西羌」，也就是說大禹是西羌人，徐中舒也主張夏人源自羌人[1]。王明珂也認為，周朝的姬姓氏族始祖姜嫄起源於姜姓氏族，而姜姓氏族與古羌人有關。[2]可見，古羌人為漢族的起源，並發展到周朝的姬姓氏族。

司馬遷
圖片來源：《維基百科》

　　隨著部族的在地、互動、遷徙、融合等影響發展，遂形成：匈奴、東胡、突厥、通古斯，以及羌藏等五個主要部族。其中：

　　匈奴部族：以匈奴為代表。其主體在東漢時期被漢人消滅，剩餘部份西逃至歐洲，與馬扎爾人融合，構成今日的匈牙利人。

　　東胡部族：以鮮卑、契丹、蒙古為代表。秦朝時期被匈奴滅亡，之後分成兩大部族，即烏桓和鮮卑。烏桓

1　徐中舒：〈夏商之際夏民族的遷徙〉，收入李紹明、程顯敏編《西南民族研究論文選》，成都：四川大學出版社，1991 年。
2　王明珂：《羌在漢藏之間》，臺北：聯經，2003 年。

族被曹魏消滅，之後先同鮮卑融合，最終隨鮮卑漢化而成為漢族。而鮮卑族的主體被漢族同化，剩餘的演化為柔然；後柔然族被突厥擊敗，分化為契丹和室韋(蒙古)；後契丹族的主體被女真族和漢族同化，剩餘的西逃到中亞，與當地人融合，成為中亞人的一部份；蒙族則為先秦時期東胡部族的一部份，由鮮卑族演化而來，一直生存到現在。

突厥部族：以突厥為代表。他有可能是匈奴的一個分支，後滅了柔然，但他的主體被回鶻族和漢族所滅，剩餘的向西逃竄，形成了今天的土耳其人。回鶻族的主體是由丁零人構成，並融入鐵勒族和高車族的一部份，在唐朝時期，將突厥部族的主體滅亡，而生存到現在，即今日的維吾爾族，以及部份由突厥人生存到今日的回族。

通古斯部族：以滿洲為代表。他們來自肅慎族，後來成為女真族，一直生存到現在，即今日的滿族。

羌藏部族：以羌族、吐蕃為代表。羌族，是古羌人的後裔之一，一直生存到今日，現在是中國西南的一個少數民族。吐蕃族也就是今日的藏族，是古羌族的一部份。

古代著名的少數民族，雖已消失，但由於互相融合互相吸納的結果，你中有我，我中有你，沒有一族是純

種的，尤其是漢族，是融合了所有少數民族的大熔爐。

　　如今，中華民族的構成，主要由漢族、維吾爾族、回族、滿族、藏族，以及蒙族等六大部族所組成。加上少數民族總計56個族群，人口總數據官方2020年1月17日發佈的數據為14億5萬人。其中，漢族人口約12億8千444萬人占91.43%左右；維吾爾族人口約1千177萬人占0.84%左右；回族人口約1千137萬人占0.81%左右；滿族人口約1千42萬人占0.74%左右；藏族人口約706萬人占0.5%左右，以及蒙族人口約629萬人占0.45%左右；其他50族的人口總數僅約7千309萬人占5.23%左右。

二、臺灣的起源與發展

1.臺灣的起源：

有關臺灣的起源，可從臺灣的名稱、臺灣的地理，以及臺灣的部族等說起：

A.臺灣的名稱：

臺灣有文獻記載，首推陳壽《三國志·吳志》上說：「湧年春正月魏作合肥新城詔立都講祭酒以教學諸子遣將軍衛溫諸葛直將甲士萬人浮海求夷洲……但得夷洲數千人還。」其中，夷州可能就是臺灣，如果是那臺灣最早的名字叫〝夷州〞。

B.臺灣的地理：

臺灣為歐亞大陸板塊與菲律賓板塊碰撞而隆起的大陸島，根據「地質考古證明，臺灣在2.2億萬年前的古生代晚期從海中摺曲隆起後，由于海浸和海退，曾數度以陸地和大陸連接。」[3]可見，臺灣與大陸之間，在上古時期是連接一起，直到更新世後期，臺灣與大陸之間因海浪長期的沖刷，遂形成一條大海溝，今稱之為〝臺灣海峽〞。

3.劉登翰等：《臺灣文學史(第一冊)》，(北京：現代教育，2007年)，P.4。

加上海平面下降，於是臺灣與大陸隔離成為海島。

歐亞大陸板塊與菲律賓板塊
圖片來源：《維基百科》

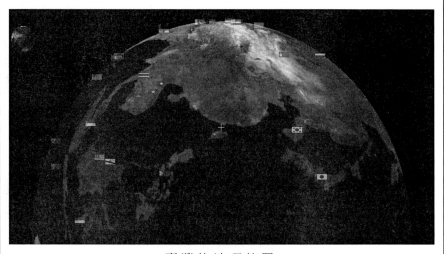

臺灣的地理位置
圖片來源：《維基百科》

臺灣的地理，東接太平洋；西隔臺灣海峽，與大陸遙遙相望；南瀕巴士海峽，與菲律賓相望；北臨東海，與日本群島相望。其東西寬度最大約 144 公里，南北縱長約 395 公里，面積則有 36,194 平方公里，為一南北狹長型的海島，其形似蕃薯。

臺灣的氣候，位於熱帶及亞熱帶區域，年平均溫度 25℃，屬溫和多雨的天氣，很適合人類居住，地理環境與大陸福建十分接近。從地緣政治角度來看，臺灣正好位於東亞島弧中央區域，為亞太經貿運輸重要的位置，也是戰略要地，更是美國西太平洋防線（第一島鏈）最重要的樞紐，失去臺灣，該防線便自然瓦解。

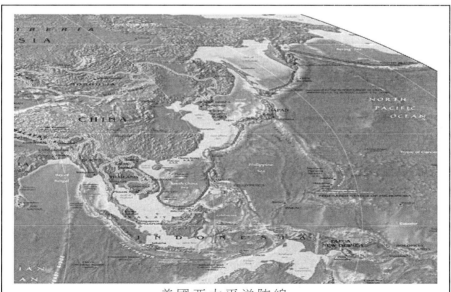

美國西太平洋防線
圖片來源：《維基百科》

C.臺灣的部族:

　　臺灣原住民的起源,根據陳碧笙的研究指出:臺灣在臺南縣左鎮菜寮鄉(今臺南市左鎮區菜寮里)發現的〝左鎮人〞遺骨[4],經鑒定與北京周口店發現的〝山頂洞人〞,同屬 1 萬至 3 萬年前舊石器時代後期的古人類,二者有密切的親屬關係,因此有學者

左鎮人想像雕塑
圖片來源:《維基百科》

推測係這一時期由大陸遷徙到臺灣。直至目前,雖無文獻記載可直接證明,但依上述的科學論證,這種推測是極有可能的。因據前所述,臺灣與大陸之間,在上古時期是連接在一起,動物、人類,甚至植物等,相互遷徙

4.左鎮人為舊石器時代晚期的人類,出土的左鎮人化石,因早已遠離原地層,一直無法得知其確實的地層位置,加上未發現相關的石器等文化遺物,始終無法得知其文化模式;考古學者與地質學者對左鎮人的年代推估,持有不同的看法,部分考古學者質疑目前左鎮人的年代約在 2 萬至 3 萬年前,是早期經由氟和錳計量的測定,若從測年方式的準確性來看,可能要再下修為至今 1 萬多年前;部分地質學者從地質的角度,認為左鎮附近沒有 2、3 萬年前的地層,因此推測左鎮人的出土年代,還可以往上再追溯至 10 萬年前以上;由於考古的材料有限,任何數據的異動都會影響臺灣的歷史,因此在真正的答案未出爐之前,我們仍沿用目前的數據;見臺南市政府:「菜寮化石館‧化石百科‧左鎮人條」,https://fossil.tnc.gov.tw/form/index-1.php?m2=14&id=8,2018/10/20。

傳播是自然的事。到更新世後期，臺灣與大陸雖隔離成海島，但居住在大陸東南一帶的新石器時代的古(百)越族[5]，也陸續越海來到臺灣，與先後從不同方向進入臺灣的菲律賓尼格利陀種的矮黑人、古琉球人、馬來人等，共同構成臺灣原住民的遠祖。[6]

2.臺灣的發展：

有關臺灣的發展，承上臺灣的起源之臺灣的名稱、臺灣的部族，以及臺灣的政權等說明如下：

A.臺灣的名稱：

臺灣最早的名字可能叫〝夷洲〞，隨著時光的遷移，後被稱為〝臺灣〞，乃來自於南臺灣西拉雅族原住民的〝臺窩灣社（Tayouan）〞，該名稱位置即現今臺南安平地區附近一帶。荷蘭人來臺時便隨此名字稱呼，其音為Tayouan，來臺灣開墾的閩南人，依閩南語翻譯成漢

---

[5] 百越族是中國上古時期一個族群，是對江蘇、安徽、湖北、浙江、江西、湖南、福建、廣東、廣西、貴州等地居民的統稱，主要分布在中國東南部江河山谷之間，由於內部各有種姓，故稱為「百越」。「越」最早指長江下游于越部族建立的越國，相傳為夏朝少康之後，楚滅越後，相傳越人分散四方，各立族長，建立了閩越國，甌越國等國家和部落；百越一詞，是在戰國末期，才首次出現；參見王文光：《百越民族史整體研究論述》，《雲南大學學報（社會科學版）》2004年第3期，P.75。

[6] 陳碧笙：《臺灣地方史》，（北京：中國社會科學，1982年），P.5、15。

字〝大員（Tāi-uân）〞、〝大苑（Tāi-uán）〞、〝臺員（Tâi-uân）〞、〝大灣（Tāi-uân）〞或〝臺窩灣（Tâi-o-uân）〞等名稱，至明鄭時期捨棄〝大員〞名稱，將臺灣稱為〝東都〞。納入清朝版圖後，清朝改稱〝臺灣〞，並設置〝臺灣府〞，此為臺灣名字的由來，並沿用至今。

臺灣亦有〝福爾摩沙〞之稱，它源自葡萄牙語「Ilha Formosa」（葡萄牙語發音：[ˌiʎɐfuɾˈmɔzɐ]），意為美麗島。在1544年當時葡萄牙船隻在經過臺灣海面時，水手從海上遠望臺灣，發現臺灣甚為美麗，於是高呼「Ilha Formosa」。

除此之外，臺灣亦有〝寶島〞、〝蓬萊〞、〝高砂〞，以及〝大樊〞等別稱。它的由來，起於臺灣物產豐富，故又稱寶島；而士人則喜以《山海經》等古籍中的海上神山仙島，蓬萊、瀛洲等作為臺灣的雅稱。日本古代曾稱臺灣為高砂、高砂國或高山國。日本人之所以會如此稱呼，源於〝打狗山〞之音，轉成〝高砂 Takasago〞，京都金地院所藏的《異國渡海御朱印帳》中，以高砂國稱呼臺灣，兩者之片假名皆為「タカサゴ Takasago」。朝鮮古代則把臺灣稱為〝大樊〞（韓語：대번 Daebeon），該稱呼應是來自〝大員〞的轉音。

B.臺灣的部族：

臺灣社會，是由移民的人口所構成，原住民僅50幾萬人而已，絕大部份的閩南與客家族群從福建、廣東一帶陸續移民而來，以及民國三十八年(1949年)追隨國民政府來臺的外省族群，由這四大族群所構成臺灣多元的社會(不包含新住民族群)。

鄭成功：圖片來源：《維基百科》

漢人大規模的遷徙臺灣有四次，第一次是在明朝天啟年間（公元 1621～1627 年）的顏思齊及鄭芝龍等人，該等率部眾開發臺灣，並在臺灣西南海岸魍港(今嘉義布袋鎮)建立基礎，為漢人移入臺灣的主要據點。第二次則是鄭氏兒子鄭成功於永曆十五年（1661 年），率軍攻入臺灣驅逐荷蘭，並引渡大量漢人進入臺灣社會。第三次是在乾嘉年間(1736～1820 年)，清朝政府統一臺灣後，實施海禁，禁止漢人再入臺灣。但由於當時的臺灣人煙稀少，大部份土地多未開墾，且氣候溫和，陽光與雨水充足，很適合農作物生長，是一個有利可圖的地方，故閩粵沿海出現偷渡的熱潮。據陳孔立(Chen,Kongli.)的研究指出，截至

1811 年止，臺灣的漢族人口達到近 200 萬人。[7]第四次漢人大規模的遷徙臺灣，是民國三十八(1949)年蔣中正率領的國民政府於大陸失去政權時退守臺灣時，帶了至少 100 萬以上的軍民進入臺灣。據行政院主計處的統計，截至 1956 年時臺灣的總人口數已達 900 萬人以上。

蔣中正先生：圖片來源：《維基百科》

民國七十六(1987)年，國民政府宣布解嚴後，因跨國通婚或其他原因取得中華民國國籍者，據內政部 2018 年的統計，人口也有 50 幾萬人，稱為新住民。目前臺灣的人口總數為 2 千 300 萬人左右，其族群的比例大致為：閩南人 70%、客家人 15%、外省人 11%、原住民 2%，以及新住民 2%。

可見，臺灣的部族結構，大致有 96% 是漢人族群。所以，無論從血緣、長相、性格、生活習慣、信仰，以及民俗風情等，都與大陸漢人社會有相當程度的相似。雖是如此，但由於生活環境的不同，適應環境的需要，加上長時間的隔離，遂發展出臺灣特有的文化，特有的文學，與大陸文學之間，已有很大的差異，然總體來說，

7.見陳孔立(Chen,Kongli.)：《清代臺灣移民社會研究》(Studies on the Immigrant Society of Taiwan under the Ching Dynasty)，Xiamen: Xiamen University Press. 1990。

仍在中國文化的範疇。它是中國文學的有機組合，亦有獨自完整的內涵，不是福建社會科學院學者劉登翰等所說：「臺灣文學是中國文學的一個分支」[8]而已。

C.臺灣的政權：

臺灣有文獻記載，如前述之陳壽《三國志‧吳志》上說：「湧年春正月魏作合肥新城詔立都講祭酒以教學諸子遣將軍衛溫諸葛直將甲士萬人浮海求夷洲……但得夷洲數千人還。」可見，在三國時期的孫權曾派兵至臺灣。不過，在清朝以前的中國歷代都未曾在臺灣本島設官治理，只有元代及明代曾斷斷續續在澎湖設巡檢司。史上第一個有系統治理臺灣的政權，便是史稱荷西時期（公元1624～1662年）。其中，1624年至1662年間雖為荷蘭統治，但西班牙曾於1626年出兵雞籠(今基隆)，占領並統治北臺灣，直至1642年退出臺灣。

永曆十五年（1661年），鄭成功率軍攻入臺灣驅逐荷蘭，開啟南明王朝延平郡王在臺灣的統治，史稱明鄭時期，這也是臺灣首次明確畫入中國版圖的政權。南明王朝滅亡後，臺灣便成反清復明的基地，在此之前中國歷代王朝從未有效管轄過臺灣。

清朝乾嘉年間(1736年～1820年)，政府統一臺灣

8.見劉登翰等：《臺灣文學史(第一冊)》，（北京：現代教育，2007年），P.4。

後，隨即依該王朝之地方體制設府置縣，並派官吏來臺治理，史稱清朝時期。

光緒二十年(1894年)，爆發中日甲午戰爭，隔年中國戰敗割讓臺灣予日本，開啟日本統治臺灣半個世紀之久(1895年～1945年)，史稱日據時期。

民國三十四年(1945年)10月25日，第二次世界大戰結束，臺灣光復，臺灣政權由中華民國政府接收。民國三十八年(1949年)，國民政府於大陸失去政權而退守臺灣，並治理臺灣，史稱民國時期迄今。

如前述，臺灣是一個移民社會，原住民人口僅50幾萬人，絕大部份的閩南與客家族群是從福建、廣東一帶移民而來。根據史學家尹章義認為，客家人與閩南人幾乎是同時抵達臺灣，甚至客家人有可能比閩南人更早。

大致來說，在17世紀閩南與客家族群移入臺灣前，原住民族群原本生活在肥沃的平原上，後因客家族群大量移入，把原住民族群趕到丘陵地，佔據平原；後又因閩南族群更大量移入，把客家族群趕到丘陵，佔據平原，而客家族群又把原住民族群趕到高山上，佔據丘陵。於是臺灣的族群分布，形成高山為原住民族群，丘陵為客家族群，平原為閩南族群。1949年外省族群移入成為領導(高官)與捍衛(老兵)臺灣的中心，形成最高與最低上下兩層鞏固臺灣。

三、兩岸的情緣與糾葛

1.兩岸的情緣：

有關兩岸的情緣，可從地緣、血緣、經貿，以及文化等關係來做說明：

A.地緣關係：

如前述，臺灣與大陸之間，在上古時期是連接一起，後因海浪長期的沖刷，中間沖刷成臺灣海峽而隔離。隔離的距離僅有68海浬（約125公里），從新竹的南寮漁港出發，到福建的平潭島，一般快艇僅需1小時左右即可到達，這是兩岸之間最短的距離，相當於從臺北到苗栗的距離。

儘管如此，然兩岸並沒有因這條海溝而隔絕，從明朝天啟年間（公元1621年），漢人即大量遷徙臺灣進行開墾，並互相往來。兩岸雖在1949年～1987年計38年間，因國共恩怨而隔絕，但在1987年11月2日臺灣政府開放兩岸探親後，大陸籍同胞終於可以回家鄉省親，進而掀起一股熱潮。後又開放文教交流，甚至民眾可以自由赴大陸旅遊，尤其在1988年11月開放大陸人民來臺探親，正式開啟兩岸雙方的交流迄今。

B.血緣關係：

如前所述，臺灣原住民的遠祖，乃是在新石器時代從大陸福建、廣東等地遷徙而來的百越族。今之越南民族的遠祖，也是百越族可作為旁證。根據史家陶鎔指出：

> 相傳神農氏之三世孫帝明者巡狩至五嶺之南〈即今湖南、江西之南部〉；娶婺仙女，生綠續。帝明後傳位於其長子帝宜，治北方。而由綠續治南方，稱涇陽王，國號赤鬼，北連洞庭、南界胡孫、西接巴蜀、東瀕南海。涇陽王娶洞庭君之龍女，生崇纜，是為貉龍君。貉龍君娶帝釐女嫗嫗。生下百男，後五十子隨母歸山，前五十子隨父下南海，貉龍君封其長子於文郎〈即今北越永安省，白鶴縣〉稱雄王。自此開建越南國，為史家所稱之鴻龐時代。由此推究，越族係由荊楚分出，其發源地即在今之湖北與湖南兩省之長江流域宜昌洞庭之間，後為楚所迫相繼南徙，至今之福建、廣東、廣西及越南北部建成多數小國，此為秦代所稱百越之地。[9]

何金蘭亦據東西方史學家的看法指出：

許多學者曾對安南民族的起源加以研究考證，大

---

[9] 見陶鎔〈中越關係史略〉，載於《中越文化論集》，國防研究院，1968 年版，P.1、2。

部份東西方的史學家、民族學家、考古學家都認
為係源出古時中國南方百越族之一支，原本在江
浙地區，後因楚國逼迫而向南遷移，並因越南地
廣人稀、土地肥沃，於是在此安居立業，後來又
與當地土著相融合，而形成今日之越南民族。[10]

可見，越南民族出自大陸浙、閩、粵、桂等區之越
人系，已無疑義，與中國同種、同文，歷史關係悠久，
至今還保存完整的漢化風俗習慣。百越族在夏朝少康之
後，被楚國消滅，其族人分散四方，各立族長遷徙各地，
越南、臺灣與大陸浙、閩、粵、桂等地區，有著近距離
的地緣關係，百越族能遷徙到越南，自然也能遷徙到臺
灣。如前述，學者陳碧笙也證實臺灣原住民的遠祖，就
是百越族。

後於明朝天啟年間起，漢人即陸續從福建、廣東等
地，大量遷徙至臺灣開墾，以至今日兩岸婚姻人口的流
動。根據行政院主計處108年的統計，臺灣外籍配偶人
數達54.9萬人，其中之大陸地區配偶人數為34.5萬人，
占62.8%最多。

可見，臺灣社會主要是由原住民、閩南、客家、外
省，以及新住民等族群所構成的社會。該社會的人口，

---

[10] 見何金蘭〈中國文化對越南通俗文學喃傳之影響〉，載於《淡
江大學・中文學報》第五期，1999 年 6 月版，P.132。

絕對多數來自大陸的漢人，有共同的血緣及文化習慣。

C.經貿關係：

兩岸經貿往來，自明鄭時期即開始。該時期，清朝政府為壓制治理臺灣的鄭氏家族，所以對大陸的貿易活動只能私下進行。鄭氏家族曾多次由廈門進行走私，並與西方國家往來，以蔗糖及鹿皮換取戰爭所需之用品。

至清朝治理臺灣後，農地迅速被開墾，農作物產量不斷增加，移民人口也日漸增多，兩岸的貿易更加興盛。當時臺灣主要的出口物品為稻米、鹿皮與蔗糖，進口物品為紡織品、藥材及其他日用品，最主要的貿易港口為府城（今臺南安平）、鹿港（今彰化鹿港）與艋舺（今臺北萬華）三地，俗稱的〝一府二鹿三艋舺〞，就是形容此時期最興盛的貿易港口。

兩岸經貿的往來，臺灣即使在日本的統治下，也不曾間斷，唯國民政府於1949年退守臺灣後至1984年，雙方經貿曾中斷35年之久。雖在1979年後，大陸實施改革開放政策，並積極展開對臺經濟交流合作，希望能藉由臺灣經濟成長的過程中，所累積的人才、資金、技術與管理經驗等，加速大陸的經濟成長與產業發展。然因當時是蔣經國主政，對大陸的政策採取〝三不政策〞，也就是不接觸、不談判、不妥協，並禁止兩岸人民互動往來，使得兩岸經濟活動無法正常展開交流合作。

　　1984年後，雖准許透過港澳或第三地區進行轉口貿易，但仍然禁止直接投資與貿易；直至1987年11月，臺灣開放人民前往大陸探親後，兩岸才逐漸從人民的互動擴大至經濟層面的交流。初期，根據香港海關的轉口貿易統計，臺灣貨品經香港轉口往大陸地區的金額，有2.4億美元左右；大陸貨品經香港轉口進入臺灣地區之金額，則有0.8億美元。至1990年時，臺灣增至32.8億美元，大陸則增為7.65億美元。顯然，在這段期間兩岸雙邊貿易已有顯著成長，它主要來自臺灣對大陸間接出口，每年都享有順差，且差幅不斷擴大。

　　自1990年代初期以來迄今，兩岸雙邊貿易雖偶而出現波動，但基本上是呈現成長趨勢。根據臺灣海關統計，兩岸雙邊貿易總額由1990年的51.6億美元，快速增加至2016年的1,178.7億美元，平均每年成長率約為15%。其中，臺灣對大陸出口總額由44億美元增加至738.8億美元，臺灣自大陸進口總額則由7.7億美元增加至439.9億美元，貿易順差從36.3億美元增加至298.9億美元。目前，大陸已成為臺灣最重要的貿易夥伴，第一大出口市場、第二大進口來源、最大的貿易順差地區。

　　根據臺灣經濟部投資審議委員會的統計，從1991年度～2021年11月止臺灣對大陸的投資總額為：197,210,749,537美元，約六兆新臺幣，還不包含未向投審會申請的投資案。而大陸對臺灣的投資總額為：

2,457,329.000美元，約七百三十七億新臺幣。兩者投資金額差距會如此之大，乃因大陸是全面對臺灣開放並制定很多獎勵措施；而臺灣基於國家安全，對大陸的開放是有限制，並從嚴審查。兩岸每年相互投資金額如下圖：

對中國大陸投資（截至 2021 年 11 月止）

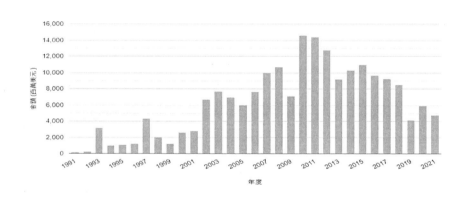

年 度	金 額(美 金 千 元)
1991	174,158.00
1992	246,992.00
1993	3,168,411.00
1994	962,209.00
1995	1,092,713.00
1996	1,229,241.00

年 度	金 額(美金千元)
1997	4,334,313.00
1998	2,034,621.00
1999	1,252,780.00
2000	2,607,142.00
2001	2,784,147.00
2002	6,723,058.00
2003	7,698,784.00
2004	6,940,663.00
2005	6,006,953.00
2006	7,642,335.414
2007	9,970,545.292
2008	10,691,389.81
2009	7,142,593.288
2010	14,617,872.247
2011	14,376,624.484
2012	12,792,077.116
2013	9,190,090.319
2014	10,276,569.656
2015	10,965,485.345

年度	金額(美金千元)
2016	9,670,731.597
2017	9,248,862.143
2018	8,497,729.519
2019	4,173,089.801
2020	5,906,489.068
2021(截至 11 月)	4,792,079.438
合 計	**197,210,749.537**

陸資來臺投資 (截至 2021 年 11 月止)

年度　2009  2021

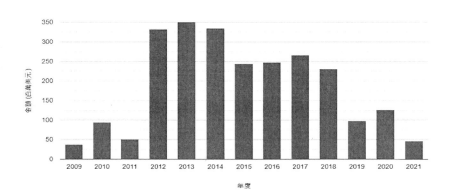

年度	金額(美金千元)
2009	37,486.00
2010	94,345.00
2011	51,625.00
2012	331,583.00
2013	349,479.00
2014	334,631.00
2015	244,067.00
2016	247,628.00
2017	265,705.096
2018	231,242.30
2019	97,180.00
2020	126,310.604
2021(截至 11 月)	46,047.00
合計	2,457,329.00

資料來源：經濟部投資審議委員會

D.文化關係：

如前述，臺灣人口除極少數外國人外，絕大多數是來自大陸的漢人，兩岸人民自然承襲中國的文化傳統，在1949年前也接受相同的教育，尤其是以儒家思想為主的價值觀，有共同的語言、文字、習俗、飲食、器物，以及信仰等。其中：

a.共同的語言：

群族有群族的語言，如閩南人講閩南話；客家人講客家話。地方有地方的語言，如廣東人講廣東話；四川人講四川話。國家則有統一的語言，在臺灣稱〝國語〞，在大陸稱〝普通話〞，在中國境內皆能傳達與溝通意思。

b.共同的文字：

臺灣用正體字，也有人稱繁體字，但這兩者的意義不同，繁體字只是相對於簡體字的稱呼，而正體字則代表著中國文化正統的傳承。大陸用簡體字，但簡體字並非大陸首創，早在秦朝時，漢字就出現〝正體字〞與〝草體字〞的分別。正體用於比較正式的場合，如石刻碑銘、文獻檔案、雕版印刷等；而草體用於非正式的場合，例如通信、筆記、記帳等。草體目的在於方便，不求好看，因此產生對漢字筆劃的簡化，也就成為今日之簡體字。

　　秦朝以小篆為正體字，以隸書為草體字；到了西漢，隸書取代小篆成為正體字，楷書則取代隸書成為草體字。東漢以後，楷書又取代隸書成為正體字，另一種行書體，成為通行的草體字；漢朝末年，楷書受行書體的影響，對漢字結構簡化後，產生一種簡化的楷書字體，稱為〝俗體〞盛行於民間，從漢朝碑銘俗體字、六朝碑銘俗體字、唐朝碑銘俗體字，以及經卷俗體字，直到宋元明清雕版印本俗體字等，可見一斑。

　　到明清時期，尤其是清朝，隨著科舉制度的實行，漢字正字法出現了復古的趨勢，八股文對用字極為講究，無論是格式、語氣、用詞、用字的規定都非常詳細，並明確宣布只許用正體字，不准用俗體字，違者嚴辦。

　　民國成立後，由於民間文盲眾多，國民政府為了普及識字率，於1935年8月正式公布〝第一批簡體字表〞，共收錄簡體字324字，後因政治問題而沒有推行。中華人民共和國成立後，也基於同一理由，組織〝中國文字改革委員會〞並通過對大量俗體字的整理、規範，制訂出《簡化漢字總表》，於1956年頒佈，後幾經修正，於1986年頒佈修訂版，共收2,274個簡化字使用至今。

　　根據中華民國教育部頒佈的《常用國字標準字體表》（俗稱甲表）收錄4,808個常用字；《次常用國字標準字體表》（俗稱乙表）收錄6,334個常用字，外加9個

單位詞，合計6,343字；《罕用字體表》（俗稱丙表）收錄之18,388個罕用字，以及《原異體字表》（俗稱丁表）所收錄之18,588個異體字（補遺22字），並以此四表收錄字為現行中華民國國家標準中文標準交換碼納編（CNS11643）編碼依據。2004年，又公布《新異體字表》，計收70,833字；總計105,051字為標準正體字。

可見，正體字與簡體字，乃是官方和民間，雅俗分流傳承下來，皆是中國文化的傳統，二者分工使用，相互補充，兩者目的不同，沒有存在優劣問題。

c.共同的習俗：

共同的節日：根據《通勝》的記載，一年當中至少有9個主要節日、24個節氣與140多個神誕。分為農業耕作、宗教祭祀、人倫孝悌，以及驅瘟避邪等四大類。主要節日有：春節、元宵、清明、上巳、端午、七夕、中元、中秋、重陽、冬至、臘八，以及除夕等。詳如下圖：

日期	名稱	別名	備註
農曆正月初一至十五	春節	農曆新年、新春、年節、大年	一年之始，最重大的節日之一。
農曆正月初四	接神日	迎神日	除了玄壇真君以外，灶君與民間諸神回到人間的日子，故家家戶戶虔誠祭拜，迎接諸神。

農曆正月初五	隔開日	破五節	新春禁忌全部取消。玄壇真君下凡巡視人間，春節假期正式結束，各商社、機關開始工作。
農曆正月初七	人日		眾人生日，傳說女媧創造蒼生於第七天造出人來，故此初七為人的生日。
農曆正月初八	穀日		傳說女媧創造蒼生，於第八天造出穀子來，故此初八為穀的生日。
農曆正月初八	順星節		傳說這一天是諸星下界的日子，祭拜順星祈福。
農曆正月初九	天日節	玉帝誕、玉皇誕	傳說此日為玉皇大帝生日。主要習俗有祭玉皇、道觀齋天等。
農曆正月初十	地日節		傳說這是土地與石頭的生日。
農曆正月十五	元宵節	上元節、天官誕、小正月、元夕、燈節	新年第一個望日，也是天官大帝的誕辰，有賞花燈、吃湯圓的習俗。由於是古代少有能讓未婚男女外出賞燈相見的日子，也被視為中國情人節。
農曆正月二十	天穿節		流行於客家民系，源於古代女媧補天傳說，為客家人感念女媧補天相助的特殊節慶。
農曆正月廿五	填倉節		象徵新年五穀豐登的節日。
農曆正月三十	正月晦	晦節	此日無月，正月的晦日受到漢族格外的重視，被當做一個節日來過。

農曆二月初一	中和節		太陽生日。
農曆二月初二	春社	土地誕、福德正神誕	祭祀土地神的日子。
農曆二月初二	龍抬頭	春龍節、龍頭節	流行於中國北方，為主管雲雨的龍王抬頭之日，也意謂之後雨水會漸多。也有人認為「龍抬頭」指的是百蟲開始於初春甦醒。
農曆二月初二或十二、十五	花朝節	花神節、花神會	流行於中國北方，百花之神生日。
清明節前一天	寒食節	熟食節、禁菸節、冷節	這天不生火，只吃冷食。
二十四節氣之清明	清明節		掃墓、祭祖。
農曆三月初三	上巳節	軒轅黃帝誕，玄天上帝（北方真武上帝）誕	古代於三月第一個巳日舉行「袚除畔浴」的驅邪活動，後來固定為三月三日。此日在古代也是青年男女能藉機在水邊相會，談情說愛的時日。
農曆五月初五	端午節	五月節、端陽節、艾節、夏節、蒲節、浴蘭節	夏季驅瘟散疫和祭龍的節日後來加入紀念屈原。
農曆五月二十	分龍節		流行於安徽、江蘇，浙江等地，相傳這天小龍會離開老龍，至廿五會聚。
農曆五月廿五	會龍節		流行於安徽、江蘇，浙江等地，分龍節時小龍離開老龍，至廿五會聚。

農曆六月初六	天貺節	六月六、洗曬節、天貺節、曬蟲節、蟲王節、回娘家節、姑姑節	
農曆六月廿四	觀蓮節		蓮花生日。
農曆六月廿五	五穀母節		稻穀收成時，是慶祝豐收之時，農戶會大拜穀神。
農曆七月初七	七夕	乞巧節、七巧節、七姐誕	傳說牛郎織女於鵲橋相會日，是乞巧許願之日。
農曆七月十四或十五	中元節與盂蘭盆節	中元節、盂蘭盆節、盂蘭節、地官誕、七月半、鬼節	地官誕和祭祀靈魂的日子。
農曆七月廿二	財神節	玄壇真君與增福真君得道日	玄壇真君、增福真君成道日，兩真君皆為財神。
農曆七月廿九	地藏節		
農曆八月初一	天灸日	天醫節	
農曆八月十五	中秋節	秋夕、八月節、月節、團圓節	賞月、吃月餅、玩燈籠等。
農曆九月初九	重陽節	重九節、菊花節	九是陽數，因此重九就叫「重陽」。習俗有登高、插茱萸、喝菊花酒等。

農曆十月初一	寒衣節	授衣節、冥陰節	祭祀祖先的日子。
農曆十月初十前後	十成節	重十節、雙十節、豐收節	慶祝豐收的日子。
農曆十月十五	下元節	消災日、水官誕、水官節、下元水官節	水官大帝禹的生日。
二十四節氣之冬至	冬至節	冬節	休養生息的時節，回家團圓，在冬至日吃湯圓或水餃、餛飩。
農曆十二月初七	驅儺日		
農曆十二月初八	臘八節		古代於冬至後第三戌日蠟祭百神，後來固定為臘月初八。相傳此日釋迦牟尼在菩提樹下成道，故又稱「佛成道日」。
農曆十二月十六	尾牙		東南沿海地區商人祭拜土地公神的日子，演變為工商界年終酬謝員工聚餐活動。
農曆十二月廿三或廿四	祭灶日	謝節、灶王節、祭灶、送神日、小年	奉拜家中諸神與灶君。
農曆十二月廿九（小月）或三十（大月）	除夕	年三十晚、除夜、大年夜、大晦日、歲除	一年最後一天。

資料來源：《維基百科》

　　共同的婚喪喜慶：人間四大喜事：「久旱逢甘霖，他鄉遇故知，洞房花燭夜，金榜題名時。」此等習俗組成漢民族豐富的文化底蘊。婚姻是生命延續的傳承，喪葬是生命最後的歸宿，喜誕是生命最初的開始，慶典是生命過程的意義。人的一生從出生、結婚、升官、安息等四個階段的習俗，儘管因群族或地方的不同而有所差異，但總的來說，雖不等於，然大致相同。如：

　　婚：婚姻的程序有：訂婚、納采、請期、親迎、辭祖、結婚、探房、婚筵、歸寧，以及蜜月等過程。禁忌則有：不能在農曆七月結婚；避免在自己的生肖年結婚，以免傷了自己本命；婚禮前一天，安新床時新娘不能單獨一人睡；屬虎的人都必須在新娘入房時迴避，避免虎神吃掉新娘神；禮儀上的人數計算，盡量以偶數為主並避免四的倍數；新娘在婚禮當天，不可以穿舊鞋；新娘不能吃自己的喜餅；新房的鏡子上必須貼上紅紙；新娘婚後的四個月內，不能參加其他人婚禮，以免互相犯沖，以及一個家庭，不能在一年內辦兩次以上的婚禮，以免沖喜等事項。

　　喪：喪葬的程序有：入殮、奠禮、出殯、安葬、作七、返主、喪筵、百日、對年、洽爐，以及追悼等過程。禁忌則有：忌參加喪禮的人，與亡者生辰八字相剋；忌參加喪禮的人，與亡者生肖相剋；忌入殮時啼哭，將眼淚滴在亡者身上，他會不捨離去；忌鬼月時出葬；忌守

喪期間剪髮與剃鬍鬚；忌出葬時抬棺者說〝重〞字，以及忌帶孝者觀看建廟，婚嫁或接觸產婦及嬰兒等事項。

喜：初生、滿月、周歲，以及壽誕等事項。其中：

初生--小孩出生的第三天，稱為三朝禮，要準備桂花心、柑橘葉與龍眼葉，以及小石頭放入水中煮沸，為小孩洗拭身體。桂花心象徵富貴；柑橘葉與龍眼葉代表甘甜及繁榮的意思；小石頭是要幫小孩作膽，所以要挑選圓形且大小適中的石頭。洗完澡後，再準備雞酒、油飯祭拜祖先及守護神。祭祖儀式完成後，要送雞酒和油飯到娘家，以表示新添小外孫，娘家也會回以各種補品，讓剛生產完的女兒調養身體，同時將雞酒、油飯分送鄰居及媒婆，讓大家一起分享增添新生命的喜悅。

滿月--又稱彌月，要幫小孩剃頭，剃頭日子的挑選有些差異，如挑在初三代表富貴、初四代表喜悅、初八代表長命等，也有人刻意順延一兩天，等好日子才剃頭。幫小孩剃掉頭髮及眉毛後，要拿起雞蛋在小孩臉上滾一圈，再拿鴨蛋在身上滾一圈，說著「雞卵面、鴨卵身」等吉祥話，希望小孩能有雞蛋般漂亮的臉蛋，及鴨蛋般健壯的身體，並宴請親友街坊吃彌月油飯或是蛋糕。娘家還要送〝頭尾禮〞給小孩，如繡上金萬字的衣物、銀牌、金鎖、手鐲、腳鐲等物件，加上紅龜粿、紅桃、禮燭，以及米做的紅圓仔叫〝外媽圓〞等物品，意味祝賀

小孩終身圓圓滿滿，這些都是代表娘家對外孫的疼愛與祝福。也有些禁忌如：剛出生的小孩若有長牙，要將牙齒拔除，以免日後長出牙齒剋父母；忌屬虎的人看到嬰兒，因為白虎煞，對小孩日後的命運會有不好的影響；忌見喜事、喪禮，以避免沖煞；忌稱讚或污蔑嬰兒，過於大喜大悲的情緒都會影響小孩；現代人因為工作忙碌，所以省略許多傳統的滿月習俗，多以選擇分送彌月蛋糕或簡單的油飯，來和大家分享喜悅。

周歲--又稱度晬，要準備牲禮和紅龜粿來祭拜祖先，外婆家也要送〝頭尾禮〞來祝賀。並舉行〝抓周〞活動，以預卜小孩長大後，會從事哪一種行業。也有一些禁忌如：不可吃雞腳，以免日後會撕破書；不可親睡覺中的小孩，以免小孩睡不好；日落後不洗澡，以免犯煞；不可用尺打小孩，以免日後會變調皮等事項。

壽誕--以生日蛋糕慶祝，並吃麵線，以代表壽命長；蠟燭一次吹熄，以代表願望一次實現，並象徵好兆頭；蛋糕不能切對半，有一刀兩斷的意涵；鬼月不過生日；生日後不能補慶祝，有過兩次生日，多兩歲的意思；逢九不做壽；六十歲前不做大壽；不過小年、除夕夜、正月十五、七月十二、七月二十七等日子，因這些日子都是傳統祭祀日；不說不吉利話，以及忌送鐘等事項。

慶：年節、動工、開幕，以及喬遷等事項。其中：

年節--大年初一，是民間習俗裡最具特色的傳統節日，大家會在這天貼新聯、放鞭炮、給紅包，以及到各地去拜年。但這一天有很多不能做的禁忌：如早餐不能吃稀飯配葷食，要改吃乾飯，代表這一年都能吃得很豐盛，而不要吃葷則表示對神明的尊敬；出嫁女兒不能回娘家，會把娘家吃窮；不能用刀具，否則這一年會帶來許多不必要的紛爭；不能動針線，否則生下來的小孩，眼睛會跟針眼一樣小，不能用斧頭劈柴，否則今年會破財；不可借別人錢，否則自己的錢財將會外流一整年；不能討債，否則不論是被討債的人或是跟人討債的人，一整年都會為金錢苦惱；不能打掃家裡，否則家裡的財氣容易被一掃而空；不能洗頭洗衣服，否則會將財氣洗掉；不能打破器具，否則一整年都會不吉利，如果真的打破了也不要緊，只要趕快說〝歲歲(碎碎)平安〞，便能化凶為吉。

動工--依天干地支紀年法，配合十二生肖，每年都有幾個方位是要避免動工。如壬寅虎(2022)年方位分別是〝五黃位〞、〝太歲方〞，以及〝歲破方〞。民俗會將住家分成九宮格，各自代表九個方位，每年各自代表一項運勢，稱為〝九宮飛星流年運勢〞。在這九個方位中，五黃〝廉貞星〞主〝災病凶煞〞，壬寅虎年的〝五黃位〞為住家的〝中央〞。民俗上認為每年當值的太歲星君，都會固定降臨在家中的某個方位，這個方位稱做

〝太歲方〞，是太歲的專屬方位。而太歲所面對的方位則稱為〝歲破方〞。因此，無論是在太歲方或歲破方動工，都象徵在〝太歲頭上動土〞，自然影響住家運勢。

開幕--主要禁忌為風水，如店內擺設流水相關的佈置，有助於生財，且要注意水流的方向要向內，才能讓錢財流進來；店面不要正對柱子，舉凡電線桿、路燈或路樹等，否則容易出內賊；店面的主色調必須配合老闆本身的命盤作挑選，以免選到一個在五行上與自己相剋的顏色，而影響運勢；店面的開口要大且寬敞，有利於聚人氣、聚財氣；店面的開口應避免不祥之物，殯儀館、葬儀社、煙囪、廁所等都不好，也會影響運勢；店面不要選角落或是無尾巷，因水就是財，當水流進無尾巷，只進不出就成了死水，不利於開店的經營；店面不要開在正對T字路口處，以免路沖影響風水；店面前方要避開人孔蓋，恐有露財之虞；店內裝飾用的鏡子，應避免直接照射到外面，否則會招來口舌是非；店面可擺放貔貅、彌勒佛、三腳金蟾、白菜（百財）、風水魚，以及招財貓等招財風水小物，對於招財進寶有一定的幫助，也能討個吉祥與喜氣；店面盡可能選在人潮較多的地方，除增加曝光度外，重點在於聚人氣，而人氣就是財氣等事項。

喬遷--首要挑選日子，可參考農民曆上宜〝入宅〞的吉日，安神位則挑選宜〝祭祀〞的吉日，並避開家族

成員生肖相沖之日。在搬新家的前三天，要先進行新家
環境的淨化，用粗鹽及糯米進行除穢，沿著屋內角落往
門口灑，完成後等半小時左右，再使用新的掃把和畚箕
掃起丟棄，即大功告成，若新家處於較潮濕的地區，可
在屋內牆角擺放木炭，同樣具有淨化、除濕之效果。入
宅當天，上午要準備供品至附近土地公廟祭拜，稟報全
家姓名及新家住址，請求庇佑全家；下午則準備供品，
祭拜宅地守護神〝地基主〞，祈佑闔家順遂平安。入宅
當天，不可空手入屋，可在身上多放點金錢，象徵將金
銀財寶帶進門；在大門地方將銅板灑入屋內，並說「**事
事順心！財源廣進**」的吉祥話；在家中各角落灑些錢幣，
以象徵財氣滿屋；在家中櫥櫃等有空抽屜的地方，擺放
裝錢的紅包袋，以避免產生〝空〞的意象等方式，來象
徵財寶入庫。入宅當天，也要準備開門七件事：柴、米、
油、鹽、醬、醋、茶，以及新碗筷六副、新掃把畚箕，
都貼上紅紙，來象徵豐衣足食。床等大型家具，可在入
宅前先搬入新家，但不要就定位，離牆邊一點距離，等
入宅當天擇吉時，再將床就定位，即完成〝安床〞儀式。
入宅當天，準備一公一母的成對帶路雞，代表〝起家〞
的吉祥之意，象徵把好運一路帶進家門，亦可代表家人
〝倦鳥歸巢〞，以凝聚家人的向心力；入宅當天，要煮
甜湯圓、甜茶，討吉利，並邀請親友、鄰居至家中作客，
象徵人氣興盛，以強化家運等事項。禁忌則基於兩個考
量：一為傳統習俗，二為季節因素。從傳統習俗上說，

農曆正月和七月都是忌搬家的月份，正月是因為過年團圓，此時搬家反而象徵破裂與破財。七月則是逢鬼門開。從季節因素上說，六月因氣溫開始升高，並逢梅雨季，對於搬家來說炎熱多雨都不太適合；十二月也不適合搬家，因冬季來臨氣溫降低，無論是整理或搬運物品都比較吃力。家族的婦女懷孕，不能搬家，會驚動胎神，導致流產或胎兒畸形；家族有人過世，需等〝對年〞(過世滿一年)後才能搬家，以避免往生者找不到自己的家，而成為孤魂野鬼；刀類等銳利物品，不能先進新家，以免引起血光之災等事項。

d.共同的飲食：

群族有群族的飲食習慣，如閩南人吃閩南菜；客家人吃客家菜。地方有地方的飲食習慣，如廣東人吃廣東料理；四川人吃四川料理。國家則統一稱為中國料理。臺灣是一個移民的社

香港火炭道鄉飲食文化博物館模擬的滿漢皇宴；圖片來源:《維基百科》

會，人口來自大陸各地，故各地方的飲食習慣，也都帶進臺灣，成為中國料理的集散地，故有中國料理在臺灣的美名。

e.共同的器物：

　　食、衣、住、行所使用的器物，儘管因族群或地方
的不同而有所差異，但總的來說，雖不等於，然大致也
相同。其中：

　　飲食--兩岸在
飲食方面，所使用
的鍋、碗、盤、湯
匙，以及筷子等器
物，皆相同。

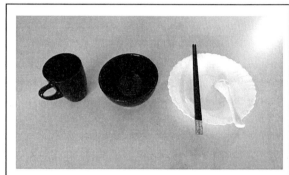

杯、碗、盤、湯匙、筷子等器物
圖片來源：蔡輝振　攝

　　衣服--
兩岸在服飾
方面，不管
是傳統服飾
或現代服
飾，所使用
的帽子、眼

傳統服飾　　　　　現代服飾
圖片來源：《維基百科》

鏡、圍巾、上衣與褲子或袍子、手套、襪子，以及鞋子
等器物，也大致都相同。

　　住宅--中國疆域遼闊，民族眾多，各民族的地理條
件和生活方式不盡相同，其居住的房屋樣式和風格自然
也有所差異。但最具特色主要有：方形式建築、徽派式

建築、窯洞式建築、栱圓式建築，以及現代式建築等。
其中：

方形式建築，
有三合院與四合院
兩種，是中國式住
宅最為普遍的類
型。三合院一般由
北面正房（正身）
和東西廂房（護龍）
所組成，由於房屋
坐落於三個方向，故名
三合院。四合院則一個
院子四面建有房屋，通
常由正房、東西廂房和
倒座房所組成，從四面
將庭院合圍在中間，故
名四合院。此種方形式
建築，流行於大陸華北
地區，在臺灣則到處可
見。

臺灣紅毛港的三合院
圖片來源：《維基百科》

徽派式建築，以
「青磚綠瓦馬頭牆，灌

高淳吳氏宗祠採用徽派建築風
格：圖片來源：《維基百科》

木迴廊鄉閣藏；夢裡水鄉芳綠野，玉謫伯虎慰蘇杭」為

特徵，善於將自然的形式美與建築的藝術相結合，講究
整齊規律、平衡對稱，以符合自然和諧之道。其村落建
設、選址、佈局等，都遵循風水理論，強調天人合一的
思想。村中必有風水之穴，在背陰向陽之處，是全村〝藏
風聚氣〞之所，「內氣萌生，外氣成形，內外相乘，風水
自成。」有風水之穴必有水口，此處會廣種樹木，使山
川與建築結合成為一個自然和諧的有機整體，既能保住
村莊的瑞氣不外泄，又提升了村莊的隱蔽性和安全感。
最具特色則是馬頭牆的建築，既能防風又能防火的一道
牆，是徽派建築的符號和最顯著的特徵，也是徽派建築
的靈魂。此種徽派式建築，流行於大陸華東地區，在臺
灣則桃園市蘆竹區的大夫第最有名。

　　窯洞式建築，是由
原始人類所居住的穴洞
發展演變而來，在寧夏
回族自治區海原縣菜園
遺址，有八座窯洞式房
子，已有四千多年歷
史。主要特點是頂上覆
土，內部下面方型上面
拱型，以應天圓地方之

陝西延安的窯洞
圖片來源：《維基百科》

說。多數後面比前面稍窄，呈喇叭型。前面有木結構、
帶門和格子窗的外壁；內部牆面上抹泥、熟石灰或摻石

灰的泥，還可以貼紙與窗花進一步裝飾。窯洞前的地面平整後，在周圍圍上土牆。一戶人家為三孔以上的窯洞；正窯為一家之長所居住的窯洞，並向南或向東的方位；各窯洞可以並列，上下排列用磴道或梯子相連，或者圍成四合院的形式。此種窯洞式建築，流行於大陸西北地區，在臺灣則臺北市陽明山〝閻錫山故居〞最有名。

桝圓式建築，大致分為土樓或稱圍樓，以及蒙古包等。其中之圍樓，是一種圍繞式建築，它利用不加工的生土夯實築承重牆，因此用〝圍〞或〝土〞來形容這種建築。其功能是四代同堂、居防合一。圍樓從內部結構分類有客家圍樓與閩南圍樓兩種。客家圍樓內住戶擁有從底層到頂層的樓板面積，從二層以上各房間門前有環形走馬廊，每層有四、五部公用樓梯。閩南圍樓內住戶之間，沒有連貫各戶的走馬廊，圍

四環承啟樓
圖片來源：《維基百科》

蒙古包
圖片來源：蔡輝振　攝

樓分割為一套套垂直的樓板面積,各樓板有獨立的門戶,有獨立的庭院,也有獨立上下樓梯。圍樓從外部形狀分類有圓樓、方樓、五鳳樓等建築。其中之蒙古包,亦是拱圓式建築,這類住房不限於蒙古族,中亞地區游牧民族中也很常見。漢語中的蒙古包一詞始於清代。〝包〞的滿語家、屋的意思。此種拱圓式建築,流行於大陸東南地區,在臺灣則以苗栗縣後龍鎮的客家圓樓最有名。

現代式建築,該建築受到世界現代建築思潮的影響,外觀造型,材料等脫離中國傳統建築,與世界其他國家現代建築非常類似,但在空間觀與人文內涵仍保有中國風水的觀念。此種現代式建築,在20世紀下世紀流行於兩岸,目前兩岸的居住建築,皆以此為主。

行走--兩岸行走之交通工具,大至飛機、火車、輪船等,小至自行車、機車、汽車等,皆相同。

現代式建築臺中市景
圖片來源:蔡輝振 提供

火車、汽車、機車等
圖片來源:蔡輝振 提供

f.共同的信仰：

　　兩岸民間的共同信仰很多，主要的有：媽祖、關聖帝君、保生大帝、清水祖師，以及廣澤尊王等最為普遍。而媽祖、清水祖師、保生大帝，以及廣澤尊王並稱為〝閩南四大信仰〞，也是〝臺灣四大神明〞，更是兩岸共同的信仰。其中：

　　媽祖林默娘，又稱天上聖母、天后、天妃、天妃娘娘、湄洲娘媽、媽祖婆等，相傳在北宋建隆元年（公元960年），出生於福建省興化軍莆田縣（今福建莆田）人，家中排行老么，生前聰慧過人但沉默寡言，是一位釋道兼修的仙姑，終身未婚，並為人占卜禍福為業。羽化之後，傳言她常以一位〝穿紅衣的長髮素顏美女形象〞，在海浪風湧時顯靈，能使颱風轉彎，保祐平安航行，海

臺灣臺南林默娘公園內的林默娘雕像：圖片來源：《維基百科》

峽兩岸的沿海船員與漁民，對她的崇拜逐漸形成信仰，乃至於越南與朝鮮半島水手，皆尊其為〝護國庇民〞的海洋女神。媽祖在兩岸的信仰人口，根據大陸莆田曾雲英的統計，大陸媽祖廟分佈在22個省市的450個縣，主要福建莆田就有316處之多；海南約有200多座，香港有

57座，澳門有10座，臺灣地區則至少500座以上，信眾有1,600多萬人。

關聖帝君關雲長，生於東漢桓帝延熹年間(約158～167年)，司隸河東解良人（今山西省運城市），漢末三國時劉備的主要親信，並與張飛桃園三結義的生死之交。建安四（199）年，受封漢壽

大陸解州關帝廟
圖片來源：《維基百科》

亭侯。由於關雲長性情忠義而倍受歷代君王所推崇，並作為神祇膜拜，產生了關聖帝君的信仰，並傳至日本、朝鮮、越南、琉球等國家。由於他體現了儒家文化中捍衛正統的忠義勇武形象，被民眾尊稱為關公、關老爺，又多次被後代帝王褒封，直至〝武聖〞，與〝文聖〞孔子齊名而流傳至今。道教尊為協天大帝、伏魔大帝、翊漢天尊等，佛教奉其為護法神之一的伽藍尊者。兩岸民間受《三國演義》小說的影響，對關雲長的忠孝節義非常崇拜，因此他的香火也非常鼎盛，尤其是多種行業的守護神，如讀書人的文昌神、軍警的戰神、商人的財神，乃至幫會的主神。根據統計，大陸關聖帝君廟主要分佈在14個省市，大廟宇有40多座，如果把小廟宇與兼供廟

宇也計算進去，單北京市就超過100座；臺灣地區主要大廟宇至少132座以上。

　　保生大帝吳夲，生於宋太宗太平興國四（979）年，為北宋福建泉州同安縣白礁鄉積善里（今屬福建省漳州市龍海區角美鎮白礁村）人，祖籍清溪縣感德鎮石門村。為閩南地區（廈

臺北市大龍峒保安宮正殿供奉的保生大帝寶像：圖片來源：《維基百科》

門、泉州、漳州）及臺灣、東南亞華人所信奉的醫神，原為北宋時的醫師，俗稱〝大道公〞、〝吳真人〞、〝花橋公〞等名號。十三歲時，因父親吳通患病，家貧無力就醫而去世，母親黃氏後來也因憂傷去世，此事令他立志學醫濟世有成，其名聲逐漸傳播民間。宋仁宗景佑三（1036）年，吳夲為了幫急症病患採藥，前往青礁的大雁東山，卻失足墮崖而羽化。當地居民得知後，為追悼吳夲，紛紛塑像祭拜並私諡〝醫靈真人〞。傳說吳夲著有《吳氏本草》與《靈寶經》兩本醫學著作。在吳夲逝世後，閩南一帶便有青礁龍湫庵、白礁醫靈神祠、廈門吳西宮等三處供奉吳夲的廟宇。後因神蹟傳說流布，以及歷代朝廷追封，遂成為閩南地區重要的民間信仰，並

隨同安移民遷徙，也成為臺灣、東南亞同安籍人士信奉的鄉土保護神，今已不分原籍區域，成為重要的臺灣民間信仰之一。臺灣奉祀保生大帝廟宇，以臺南市學甲慈濟宮、臺南市祀典興濟宮、臺北市大龍峒保安宮、臺中市賴厝廍元保宮等最為著名。相傳媽祖與保生大帝二人相戀，後媽祖見母羊生產苦狀，悔而辭婚。保生大帝憤而與媽祖施法相鬥，於媽祖誕辰降雨洗其脂粉，媽祖亦不甘示弱，於大道公誕辰施法刮風，吹落道帽，故稱「大道公風，媽祖婆雨。」在大陸，保生大帝的信仰，主要在福建、廣東一帶，並以福建白礁慈濟宮、青礁慈濟宮、花橋慈濟宮、天湖堂，以及廣東棉湖慈濟古廟等最為有名。臺灣主要廟宇至少有68座，分布全臺。

清水祖師陳昭應，生於宋仁宗慶曆五（1045）年，是福建永春縣小岵鄉人，北宋福建泉州安溪的高僧。由於在蓬萊山（今屬安溪縣蓬萊鎮）清水巖修道，鋪橋造

清水祖師像
圖片來源：《維基百科》

路，廣施醫藥，後被尊稱為清水祖師，或稱蓬萊祖師、麻章上人，俗稱〝祖師公〞。圓寂後，求雨驅蟲，屢禱

屢靈，故在南宋宋孝宗時便成為朝廷敕封的神靈，後追封為昭應廣惠慈濟善利大師，讓原屬於佛教禪宗的清水祖師，逐漸民間化、道教化，被安溪人視為地方最重要的守護神。許多安溪人以種茶為業，再加上清水祖師以求雨聞名，也被視為安溪鐵觀音的保護神。在閩南，清水祖師是重要的鄉土神靈，是應惠靈天之一，後隨著安溪移民來臺，清水祖師的信仰在臺灣的發展更勝於大陸。大臺北地區是清水祖師信仰最盛之地，三峽長福巖祖師廟、艋舺清水巖、淡水清水巖、瑞芳龍巖宮，號稱〝大臺北四大祖師廟〞。在大陸，清水祖師的信仰，主要在閩南泉州一帶，奉祀清水祖師的廟宇多以安溪清水巖為祖廟。臺灣則至少有100座，分布全臺。

廣澤尊王郭忠福，生於後唐同光年間(923～926年)，福建泉州南安人，是閩南地區民間信仰中的一位神明，具有翹右腿、垂左腿的獨特形象。廣澤尊王生前是福建南安的一位牧童，蛻化成神，之後屢屢顯靈，成為南安當地的鄉土守護神，鄉人並在郭山上為他建立將軍祠。在宋代時，郭將軍獲敕

清·福建泥塑廣澤尊王坐像
圖片來源：《維基百科》

封三次為忠應孚惠廣澤侯；清代時，廣澤尊王更加頻繁地顯靈，於同治九(1870)年，加封為威鎮忠應孚惠威武英烈保安廣澤尊王。廣澤尊王的信仰始於福建泉州南安，逐漸擴大到閩南各地，後隨著南安及閩南各地移民旅居海外，廣澤尊王信仰也隨之風行，臺灣、香港和東南亞等地都有供奉廣澤尊王的廟宇，頗具影響力。在大陸，廣澤尊王的祖廟為南安鳳山寺，又稱郭山廟；另有重要的龍山宮，位於詩山鎮詩山腳下，建於廣澤尊王世居之地；而威震廟，位於泉州安溪縣金谷鎮尚芸村、河美村交界，建於廣澤尊王父母安葬地。這兩座廟宇，與鳳山寺周圍十里內的其他十一座廣澤尊王分廟，合稱十三行祠，民間將其中供奉的廣澤尊王分靈稱為十三太保。臺灣則有70多座分布全臺，並以臺南最多，臺中、屏東次之。

2·兩岸的糾葛：

如前所述，兩岸人民本是同根生，後因生活而各奔東西，雖隔著臺灣海峽，然宗族親人的情感始終牽繫在人民心中，而成為生活的一部份。在1947年二二八事件之前，縱有祖先因甲午戰爭將臺灣割讓給日本，也僅止於氣憤而沒有影響到宗族情感，故在二二八事件之前，臺灣人並沒有想過要與祖國割袍斷義，自立門戶而獨立。然二二八事件之後，臺灣人開始覺醒並思索建立自

己理想的家園，始有臺灣獨立的思潮。

縱觀二二八事件，為何一件小小的〝查緝私菸〞案，會變得如此大的事件，造成今日省籍情結，社會不得安寧的現象？究其原因，大致來說，有幾個因素：

A.政府貪污腐化：

國民政府的貪污腐化，導致失去民心，賠掉大好江山--大陸，接管臺灣後，賊性依舊不改，貪污案件的新聞報導不斷，如專賣局長任維鈞侵吞鴉片70公斤，私運香港變賣獲利，並謊稱鴉片是被白蟻吃掉等事件不勝枚舉。1946年10月26日《民報‧祖國的懷抱》一文即指出：「祖國政治文化的落後，並不使我們傷心，最使我們激憤的，是貪污舞弊，無廉無恥。」

B.軍隊紀律敗壞：

駐臺國軍因軍紀敗壞，造成嚴重的治安問題與社會動盪，許多軍人除了偷竊以外，要賴、詐欺、恐嚇、調戲、搶劫、強姦、殺人，無惡不做。不僅乘車不買票、買物不給錢、看戲不買票，反而開槍示威，因而惹出了無數的糾紛，也激起臺灣民眾無法抑制的憤怒。當時的省參議員韓石泉之《六十回憶錄》，即對此表示說：「隨身攜槍之士兵警員特多，因此時肇事端……此實為惹起二二八事件之導火線。」

C.外省人壟斷權位：

日本撤出臺灣後，滿懷期望的臺灣人原本認為應該有更多自治與參政的機會，然而行政長官陳儀[11]不僅集行政、立法、司法三權於一身，還身兼軍事大權，比前日本總督有過之而無不及。政府的中高級職位又幾乎被外省人所壟斷，根據1946年11月長官公署的統計：簡任及簡任待遇級官員，

臺灣行政長官兼警備總司令陳儀先生
圖片來源：李筱峰提供

臺籍僅占0.82%；薦任及薦任待遇級官員，臺籍僅占6.63%，而且在極少數的簡任、薦任級臺籍人士中，由大陸返臺的就占70%。即使能謀得工作的人，也會因本省人與外省人的不同而遭受待遇不平等的情況，同一職級同一工作，外省人的薪俸甚至高出一倍。曾擔任臺灣

---

[11] 陳儀（1883年5月～1950年6月），浙江紹興人，日本陸軍大學畢業，戰後擔任臺灣省行政長官兼臺灣省警備總部總司令，任內發生二二八事件，為事件中爭議政治人物之一；1949年1月，陳儀眼見局勢不利於國民黨，欲投奔中國共產黨，並嘗試策反京滬杭警備軍總司令湯恩伯投共失敗，被免去浙江省主席職務被押解到臺灣；1950年5月，蔣介石以匪諜案，指示臺灣軍事法庭判處陳儀死刑，並於同年6月18日清晨5時許槍決，地點一說於臺北縣新店鎮（今新北市新店區）碧潭軍人公墓，一說於臺北市馬場町。

省行政長官公署教育處秘書潘鼎元即指出：「服務機會不均等，如各機關高級人員以外省人居多，而臺灣同胞每多屈居下僚，所得待遇高低尤不公允。」

D.統制經濟掠奪：

國民政府接管臺灣後，採取全面性的統制經濟政策，日本留下來的237家企業，六百多個單位，全被納入長官公署所屬各處室所設的27家公司來經營，對樟腦、火柴、酒、菸、度量衡等物品，全部納入專賣。而貿易局壟斷全臺灣的進出口貿易，舉凡樟腦、米、糖、鹽、鳳梨、石炭、鋁、煤油、水泥、造紙、漁產等，只要是能賺錢的產品，幾乎全由貿易局統制並專賣，公開與民爭利。如此統制專賣措施，不僅未替臺灣的建設著想，反而自臺灣奪取利益，引起臺灣人相當的不滿，尤其是官商勾結，剝削百姓，從中獲取暴利，造成民生困苦，以及大量民眾失業。監察委員楊亮功與何漢文，在1947年4月的二二八事件調查報告中對此指出：「因貿易局之統制，使臺灣一般商人均受極端之約束；因專賣局之統制，且使一般小本商人無法生存。」

E.嚴重通貨膨脹：

由於官場貪污舞弊、外行領導內行，在屬行統制經濟下，許多公營企業因為經營不善，所需資金都向臺灣銀行貸款，使得臺灣銀行必須增印鈔票來因應，造成通

貨膨脹、物價上漲的惡性循環。再加上當時盟軍的轟炸，超過半數的工廠沒有開工，接收者又不善經營，使得產量大減，加上糖、米等物資大量運往大陸，導致臺灣可用物資銳減，也促使通貨膨脹的擴大。就米價而言，自1945年8月至1947年1月，臺北市零售米價漲了400倍，同樣一擔米，上海賣2仟元，臺灣卻要賣4仟元，且上海的米大多來自臺灣，價格卻遠低於原產地。

F.糧食極度匱乏：

隨著物價的暴漲，影響層面最大的，是緊接而來的米荒與饑荒問題。一般的公務員與平民已經無力購買米糧，只能吃番薯雜糧、地瓜葉，恆春一帶的貧民則吃檳榔葉填肚。1947年2月22日《人民導報》報導說：「饑民僵斃路上，令人慘不忍睹。」唐・杜甫：「朱門酒肉臭，路有凍死骨。」的慘況普遍發生在臺灣各地。

杜甫；圖片來源：
《維基百科》

G.失業問題嚴重：

由於生產事業萎縮與停頓，以及海外臺僑及戰後復員的軍夫紛紛回到臺灣等因素，造成失業人口激增。加上很多工廠因原料缺乏而關閉，接收人員為了安插大陸

來臺人士，將公營企業的臺籍員工裁撤。對此，長官公署沒有採取有效措施解決問題，反而粉飾太平，聲稱失業人數沒有超過1萬人。根據1946年底《臺灣新生報》的報導：「臺灣失業人口約為45萬人。」民眾為了生活，鋌而走險淪為盜賊的人數日益增加，造成治安惡化，不願偷盜的人就淪落街頭當乞丐，不願偷盜、行乞的人，往往以自殺結束生命，就算有職業的人，也有可能領不到薪水，在在顯示戰後臺灣人民的生活比日治時期更加困難。

H. 文化語言衝突：

臺灣與大陸經過50年來的不同發展，兩邊已呈現相當大的差距。臺灣人的識字率超過大陸，而且40歲以下沒有文盲，顯示臺灣較大陸有長足的進步。尤其是受到日本文化的影響，臺灣人普遍養成整潔、守法、守時、負責盡職等的習慣與觀念，也提升了社會文化，改變了生活品質。但是由於臺灣人長期受到日本人的壓迫，對中國自然加以理想化而嚮往，後來才發現與心目中的中國差距甚大，心裡便產生不適應與失落感。

在大陸人方面，由於臺灣人以閩南話和日本語溝通，對於北京話相當陌生，讓大陸來臺人士產生溝通的困擾，因此剝奪不懂北京話的臺灣人擔任公職的權利。另外，由於中國歷經中日戰爭的緣故，使得戰後來臺的

大陸人士，對於臺灣到處充滿日本氣息，覺得刺眼與反感，尤其是來自大陸的接收大員，以〝征服者〞、〝戰勝者〞的態度對待臺灣人，使臺灣人更深感不平。1946年3月18日北平的《民主周刊・臺灣的隱憂》一文中說：「接收人員那種耀武揚威的戰勝者姿態，和一個侵略者在別人的土地上有什麼兩樣呢？」

1947年3月16日香港的《知識青年・臺灣的災難》一文中說：「我們的接收官員都是一群帶有強烈掠奪性的親戚同鄉等關係結合的封建集團，他們以新征服者的姿態出現，用元朝對待南人一樣的態度，對待臺灣同胞。」

由此可知，戰後臺灣人對於來自對岸的文化，已經產生隔閡與適應不良，而雙方的心結與怨憤，造成了日後的各種衝突，更導致族群隔閡。尤其是當年共產黨，如果不煽風點火，推波助瀾，也不會發生那麼大的二二八事件，今日兩岸的和平統一，就不會那麼困難，這應是大陸始料未及。

蔣介石先生與毛澤東先生
圖片來源：《維基百科》

接著便是國共兩黨的恩怨，尤其是1949年，國民政府退守臺灣後，導致兩岸長期漢賊不兩立的對立。後因

當事人蔣介石與毛澤東的相繼過世，兩岸緊張的對峙獲得了舒緩，尤其在1987年臺灣解除戒嚴令，並開放探親，兩岸對峙便出現和解的轉機，朝向和平的方向進行。

1979年，大陸實施改革開放政策的〝三架馬車〞，中共中央軍委主席鄧小平、中共中央總書記胡耀邦和國務院總理趙紫陽，並以鄧小平為首，開始實施的一系列以經濟為主的改革措施，並積極展開對臺經濟交流合作，希望能藉由臺灣經濟成長的過程中，所累積的人才、資金、技術與管理經驗等，加速大陸的經濟成長與產業發展。根據行政院主計處《國情統計通報》之〈兩岸交流概況〉指出：在 1991(民國 80)年兩岸雙邊貿易

鄧小平先生
圖片來源：《維基百科》

胡耀邦先生　　　　　趙紫陽先生
圖片來源：《維基百科》

總額已達到80.5億美元，臺灣前往大陸人士達946.600人次，核准大陸人士來臺從事文教交流已有600人次。如下表：

國情統計通報

行政院主計處
第三局第七科（TEL：23803521）
93 年 11 月 23 日　　　　星期二

［專題分析］

兩岸交流概況

項　目	80 年	85 年	90 年	91 年	92 年	93 年 1-9 月
國人前往大陸人次（千人次）	946.6	1733.9	3442.0	3660.6	2731.9	2391.2
核准大陸地區人民來台人數						
來台探親、團聚、探病及奔喪人次（千人次）	-	50.3	112.8	123.1	105.7	56.6
從事文教交流（千人次）	0.6	6.7	17.4	25.2	16.0	13.2
居留及定居人數（千人）	-	5.0	5.1	9.0	8.5	6.5
大陸地區人民非法入境						
緝獲人數（人）	3,998	1,649	1,469	2,032	3,458	1,530
遣返人數（人）	4,409	2,250	1,948	1,402	2,237	1,275
兩岸電話量（百萬分鐘）	53.3	273.9	831.8	1,232.0	1,510.9	1,173.2
來話	26.3	115.2	322.0	473.2	523.9	368.5
去話	27.0	168.7	509.8	758.8	987.0	804.7
核准對大陸投資金額（億美元）	1.7	12.3	27.8	38.6	45.9	47.9
占我海外投資比重(%)	9.5	36.2	38.8	53.4	53.7	63.6
兩岸貿易總額（億美元）	80.5	222.1	299.6	374.1	463.2	396.5
對大陸出口	69.3	191.5	240.6	294.7	353.6	293.1
占我出口比重(%)	9.1	16.5	19.6	22.6	24.5	25.9
自大陸進口	11.3	30.6	59.0	79.5	109.6	103.4
占我進口比重(%)	1.8	3.0	5.5	7.1	8.6	9.6

資料來源：　行政院大陸委員會、交通部及經濟部。
附　　註：　國人前往大陸人次、兩岸電話量及貿易額，係 1-8 月資料；　90 年 5 月以前為香港「中國旅行社」提供之「申請台胞證前往大陸人次」資料，以後則為大陸「國家旅遊局」之「赴大陸旅遊人次」資料；　自 89 年 7 月起增列「團聚」項；　不含補辦案件。部分資料因尾數四捨五入，致總數與細數之間，容有未能完全吻合情況。

說明：1. 自 76 年開放國人赴大陸探親以來，民間經貿、文化、學術等交流活動日趨熱絡，91 年國人前往大陸 366.1 萬人次，較 80 年 94.7 萬人次增近 3 倍；92 年雖受 SARS 疫情影響，國人赴大陸減少 25.4%，惟 93 年已見回復，1 至 8 月計有 239.1 萬人次前往大陸。

2. 在兩岸社會交流方面，政府本「生活從寬，身分從嚴」之原則，逐步調整大陸地區人民來台相關政策，且基於人道考量，81 年起開放大陸配偶來台居留，93 年 1-9 月核准 39 年以後結婚者來台居留 5,425 人（至 93 年 9 月底累計核准 3 萬 4,933 人），核准定居者 1,080 人。

3. 近年大陸地區人民非法入境人數隨兩岸交流熱絡而呈上升趨勢，92 年緝獲 3,458 人、遣返 2,237 人，分較 91 年增約七成及六成，93 年則顯趨緩，1 至 9 月緝獲 1,530 人，較上年同期減少 231 人。至 93 年 9 月底止，留置各收容場所者計 2,565 人，刻由我紅十字會及海基會積極與大陸對口單位聯繫辦理遣返作業。

4. 兩岸電話自 78 年 6 月開放起，通話量持續成長，通話時間由 80 年 5 千 3 百萬分鐘增為 92 年 15.1 億分鐘，成長逾 27 倍，其中我對大陸地區通話 9.9 億分鐘，較 91 年增逾三成，占我國際電話 32.1%，83 年起即已超越美國居我國際電話通話量之首位。

5. 由於中國大陸生產要素低廉，國內廠商赴大陸投資有增無減，92 年經濟部核准赴大陸投資（不含補辦案件）45.9 億美元，占我國海外投資比重 53.7%，93 年前三季再升至 63.6%。在兩岸貿易方面，93 年 1-8 月兩岸貿易（含轉口）總額 396.5 億美元，較上年同期擴增 38.5%，其中我對大陸出口 293.1 億美元，自大陸進口 103.4 億美元，對大陸出超 189.8 億美元，均創歷史新高。

隨著時間的推移，兩岸交流也日漸緊密，自然引發諸多問題待解決。因此，雙方於1992年，大陸官方正式

授權民間組織〝海峽兩岸關係協會〞簡稱海協會，與臺灣官方正式授權民間組織〝海峽交流基金會〞簡稱海基會，雙方在香港會談，以及日後函電往來中，同意兩岸在事務性協商中，可以不涉及政治意涵的討論，為1993年在新加坡〝辜汪會談〞而準備。該會談由海協會會長汪道涵為代表，海基會則以董事長辜振甫為代表，並取得兩岸〝一個中國原則〞的共識。但對於一個中國的政治內涵，以及如何追求兩岸統一，存在歧見，至今尚未解決。大陸主張：「臺灣為其領土，海峽兩岸應實現統一，可以根據一國兩制方針，設立臺灣特別行政區，給

汪道涵先生　　辜振甫先生
圖片來源：《維基百科》

予臺灣高度自治。」臺灣則主張：「在民主、自由、均富的共識與保障人權，尊重臺灣地區人民意願等前提下，雙方可經由合作談判，共同重建一個統一的中國。」

儘管雙方對一個中國的政治內涵主張不同，但其他如經貿、歷史、文化等，並無歧見。因此，雙方秉持〝擱置爭議、共創雙贏〞的原則，持續深化互信，以追求和平穩定、互利雙贏的兩岸關係而欣欣向榮。

直至1999年，因接獲情資，認為江澤民預備對國際片面宣布與中華民國方面已達成統一共識。為進行反制，李登輝在接受德國之聲訪問時，提出〝特殊的國與國之間的關係〞來定位海峽兩岸關係，這個說法被簡稱為〝兩國論〞。這個訪問自然引起大陸方面的不滿，認為違反一個中國原則，遂中止了和臺灣方面的正式協商管道，兩岸一下子倒退到70年代的對立關係。

江澤民先生
圖片來源:《維基百科》

2000年，民進黨取得政權，並先後提出〝四不一沒有〞[12]，以及〝一邊一國論〞[13]。陳水扁與臺灣的朝野各界人士，都不同意藉由〝一個中國原則〞，將臺灣作為

---

[12] 〝四不一沒有〞是第 10 任中華民國總統陳水扁在 2000 年 5 月 20 日的就職典禮上發表的政治宣示，其主要內容為「只要中共無意對臺動式，本人保證在任期之內，不會宣布獨立，不會更改國號，不會推動兩國論入憲，不會推動改變現狀的統獨議題公投，也沒有廢除國統綱領與國統會的問題」。這是陳水扁政府針對臺灣海峽兩岸關係的重要言論，亦曾是陳水扁代表當時作為執政黨的民主進步黨對中華人民共和國政府就兩岸立場的明確表態。

[13] 〝一邊一國〞是指認定臺灣與中國大陸不屬同一國家的主張，是陳水扁政府時期，對於兩岸關係的一種外交政策，也是支持臺灣獨立運動與臺灣主體性人士的一個重要政治主張。該主張係在 2002 年 8 月 3 日，陳水扁透過視訊會議，對在日本東京舉行的世界臺灣同鄉會，第二十九屆年會上向與會人士的發言。1 見《中國共產黨新聞‧解決臺灣問題的八項主張》，
http://cpc.people.com.cn/BIG5/64107/65708/65722/4444435.htm
12022.06.20 上網。

中華人民共和國的一部份。因此提出了一邊一國論的主張，該主張自然受到大陸的反對，將之定性為〝對一個中國原則的嚴重挑釁〞，與李登輝的兩國論相同，兩岸關係便趨向越來越緊張。

2008年，國民黨再度取得政權，馬英九當選總統後，再三強調〝一個中國〞與〝憲法一中〞，他說：「我說的一個中國是中華民國，新華社英文稿也說雙方可以有不同表述，只是中文稿沒有，我認為中文稿應該要出來，而且中共領導人要常常這樣講，變成政策」、「中華民國的有效統治區域是臺澎金馬，但根據憲法固有疆域還包括中國大陸、外蒙古，這就是憲法一中。」也就是說回歸〝一個中國原則〞的九二共識。大陸自然歡迎，並於2012年中共十八大召開，首次將九二共識納入報告之中。

2015年，馬英九與習近平在新加坡舉行兩岸領導人會面。馬英九在公開致詞時指出九二共識為兩岸之間對於一個中國原則的共識，之後於記者會稱於閉門會談時，表示有表達我方表述一個中國時，須符合中華民國憲法的規定。馬英九的說法，被國際媒體認為是同意九二共識是一中原則的定義。馬英九自2008年主政時，兩岸關係便逐漸回溫，到2016年卸任前開啟兩岸關係最鼎盛的時期。

　　根據臺灣海關的統計：馬英九卸任前一年的2015
年，兩岸經貿總額約1,591億美元，出口約為1,124億美
元，進口則約為467億美元，我方順差657億美元，也就
是說光2015年一年，臺灣就從大陸賺進六百多億美元，
約兩兆新臺幣；比陳水扁卸任前一年的2007年，兩岸經
貿總額為1,302億美元，成長22%。2015年臺灣赴大陸交
流人數為549.9萬人次，大陸來臺灣交流人數為414.4萬
人次，交流總數為964.3萬人次；2007年臺灣赴大陸交流
人數為462.8萬人次，大陸來臺灣交流人數為32萬人次，
交流總數為494.8萬人次，成長95%近一倍之多，尤其是
2007年大陸來臺灣交流人數僅32萬人次，至2015年暴增
至414.4萬人次，成長約12倍之多，這意味臺灣人賺很多
大陸人的錢。

　　2016年，民進黨再度取得政權，蔡英文在當選總統
後，即承認九二香港會談的歷史事實，但不承認存在〝九
二共識〞，並主張九二共識是國共兩黨私下所形成的共
識，不代表臺灣整體意見，應以民主程序建立的新共識
來取代。大陸自然不悅，仍堅持〝兩岸同屬一個中國，
反對臺獨。〞此後，在蔡英文主政期間，兩岸關係又開
始轉淡，官方接觸管道全面中斷，在國際社會中和解休
兵的現象也越來越淡，陸客來臺的數字急速下降，臺灣
也無法參與國際民航組織(ICAO)、國際刑警組織
（INTERPOL）等國際大會。大陸國臺辦發言人馬曉光

表示，過去兩岸堅持〝九二共識〞，透過雙方協商，大陸對於臺灣參與國際組織活動，做出比較妥適的安排；現由於〝大家知道的原因〞，兩岸制度化協商機制停擺，臺灣參與國際組織活動的問題難以處理。其實，這個大家知道的原因，就是蔡英文上任至今，不肯承認九二共識。邦交國也從馬英九主政時期的22個，降至16國邦交

馬曉光先生
圖片來源：《維基百科》

國，有6國與臺灣斷交。中共主席習近平就曾表達了最嚴厲的批評說，一旦〝九二共識〞不存在，兩岸就會面臨〝地動山搖〞的結果。大陸解放軍繞臺灣島巡航，簡稱為繞臺巡航，便是從蔡英文上任的2016年開始，並稱此舉為對臺獨勢力所展開的實戰化軍事訓練，臺灣則稱此舉是針對臺灣的施壓與騷擾。

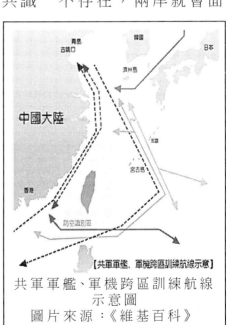

共軍軍艦、軍機跨區訓練航線
示意圖
圖片來源：《維基百科》

根據臺灣海關的統計，蔡英文第一任卸任前

一年的2019年：兩岸經貿總額約1,906億美元，出口約為1,321億美元，進口則約為585億美元，我方順差736億美元，比馬英九時代仍呈現成長；2019年臺灣赴大陸交流人數為613.4萬人次，大陸來臺灣交流人數為268.3萬人次，交流總數為881.7萬人次；比馬英九時代則呈現衰退。尤其是2019年大陸來臺灣交流人數下降至268.3萬人次，比馬英九時代的414.4萬人次，衰退約35%之多，這意味臺灣人少賺大陸很多錢。

2020年，蔡英文又當選連任後，大陸當局對她要承認〝九二共識〞的期待完全破滅，加上受到2014年香港的〝雨傘革命〞及2019年〝反對逃犯條例修訂草案運動〞的影響，

雨傘革命數以萬計市民佔領金鐘幹道
圖片來源：《維基百科》

已放棄對臺灣實施一國兩制，50年不變的和平統一政策，思考一次就解決臺灣問題，故大陸的態度是能和平統一最好，不能和平統一也要以武力解放臺灣。故共機繞臺巡航在剛開始時只有幾架次，到2021年全年暴增至950架次飛入臺灣防空識別區，甚至

超越了海峽中線等行為，此種疲勞轟炸的目的，乃在於製造混亂、恐懼，尤其是疏忽讓臺灣當局產生誤判等，無非在創造成熟的時機點，一舉攻下臺灣。可見，蔡英文主政期間，是自 1987 年臺灣解除戒嚴，並開放探親兩岸和解

反對逃犯條例修訂草案運動數以萬計市民抗議情形
圖片來源：《維基百科》

以來，最動盪糾葛不清的年代，兩岸關係瀕臨戰火。

　　綜上所說，臺灣的起源與發展，是以中國的起源與發展為基底，進而發展出有別於大陸的自有特色。兩岸的情緣，不管從地緣、血緣、經貿，以及文化等關係來說，皆不可分割，如血濃於水；兩岸的糾葛，不管從經貿、旅遊，以及文化等關係來說，皆沒有任何分歧，唯政治議題談不攏。總的來說，就是〝九二共識〞的〝一個中國原則〞，這個〝一中原則〞的政治內涵，兩岸是可以各說各話，甚至避而不談。藍色陣營同意〝一中原則〞，便開啟兩岸交流的鼎盛時期；綠色陣營不同意〝一中原則〞，兩岸交流便進入冰凍時期，尤其是蔡英文主

政期間，兩岸關係更接近戰爭的邊緣。

　　兩岸關係的處理，藍綠之間，各有立場及堅持，所得的結果，自然也不同，沒有對錯問題，只有選擇的問題而已。當然，這個選擇理應由人民來決定，不容政客操弄。

參、大陸對臺灣之主張

一、文化論述
二、法理論述
三、武力論述

　　大陸對臺灣之主張，一貫認為：「臺灣自古以來就是中國的領土，是中國的一個省；世界上只有一個中國，就是中華人民共和國。這些，已是被國際社會廣泛承認的不爭事實，說明臺灣問題是中國的內政，用什麼方式實現海峽兩岸的統一，完全是中國人民自己的事。但是某些國際勢力出於自身利益的需要，不願意看到中國的統一和強大，害怕中華民族的團結和振興。因此，堅持對中國採取〝西化〞和〝分化〞政策，甚至把臺灣問題作為牽制我國的一個籌碼。」[1]

　　大陸再三強調，臺灣是中國的一部份，來自於文化、法理，以及武力等論述，茲說明如下：

一、文化論述

　　中國具有五千年悠久歷史。中華民族繁衍生息在中國這塊土地上，各民族相互融合，具有強大的凝聚力，形成了崇尚統一、維護統一的價值觀念。在漫長的歷史過程中，中國雖然經歷過改朝換代、政權更迭，出現過地方割據，遭遇過外敵入侵，特別是近代史上曾飽受外國列強的侵略和瓜分，但統一始終是中國歷史發展的主流，每一次分裂之後都復歸統一，並且都贏來了國家政

---

[1] 見《中國共產黨新聞・解決臺灣問題的八項主張》，http://cpc.people.com.cn/BIG5/64107/65708/65722/4444435.htm 12022.06.20 上網。

治、經濟、文化、科技的快速發展。臺灣同胞具有光榮的愛國主義傳統，在反抗外國侵略臺灣的鬥爭中建立了卓越的功勳。中華人民共和國誕生後，中國人民倍加珍惜得來不易的民族獨立，堅決捍衛國家主權和領土完整，並為實現祖國的完全統一而努力奮鬥。中國五千年的歷史和文化深深地在中國人的心中根植了一種強烈的民族意識，這就是中國必須統一。

如前所述，臺灣原住民的遠祖，乃是在新石器時代從大陸福建、廣東等地遷徙而來的百越族。後於明朝天啟年間起，漢人即陸續從福建、廣東等地，大量遷徙至臺灣開墾，以至形成今日臺灣社會的主要人口，與大陸人口同稱〝漢人〞。兩岸人民共同承襲中國的文化傳統，大家有著共同的祖先，一樣的血緣、語言、文字、習俗、飲食、器物，以及文化與信仰等。其中之血緣和信仰，是大陸對臺的工作重點，因此有了〝尋根問祖〞與〝媽祖湄洲祖廟朝聖〞等的活動熱潮，以凝聚臺灣同胞對祖國的向心力。

1‧尋根之旅認祖歸宗：

大陸由鄧文金等主編，上海古籍出版社，出版了《臺灣族譜彙編》，並由中華全國臺灣同胞聯誼會，簡稱全

國臺聯[2]與閩南師範大學主辦新書發表會宣傳，以方便臺灣同胞到大陸尋根。全國臺聯副會長楊毅周就表示：「《臺灣族譜彙編》的出版，不僅為學界提供了詳實的文獻資料，也為臺灣同胞尋找自己家庭的來源提供了方便，將讓臺灣各姓氏宗親，尤其是年輕宗親能夠真正的〝認祖歸宗〞。」族譜絕大部份修纂於清代和民國年間，記錄了一個個家族的傳承與變遷，詳細記載了姓氏源流、堂號、世系表、家訓家規、家傳、先輩藝文著述、祖先圖贊、風水圖等，體例完備且富含閩臺民間特色。

臺灣臺北市人的陳雲英女士，她在十三屆全國人大五次會議期間，接受記者馬曉葉的連線採訪時，發出了非常經典尋根問祖的肺腑之言。她說：

陳雲英女士；圖文來源：《中央廣播電視總臺海峽飛虹》

「兩岸同文同種、同根同源，有著最近的距離和最親的血脈。80%的臺灣同胞祖籍在大陸，尋根是臺灣同胞心裡認祖歸宗的願望。祖居地的情懷讓我每次到達泉州的時候，都會有〝淚濕衣襟〞的感動。」

---

2 中華全國臺灣同胞聯誼會，簡稱全國臺聯，是中國大陸地區設立的針對臺灣民間人士的團體，在中國大陸各省市並設有分會。

陳雲英說：「我的祖先從這裡（泉州）出海去討生活，離開了泉州十多代，而今我回來了。每次到泉州，我都會在心靈深處有一種想和祖先交流的呼喊：〝祖先，你們看到了嗎？你的後代裡有個叫陳雲英的，現在她回來了〞。每一個家庭都有感人的尋根故事。臺灣的根在大陸，臺灣同胞未來發展的依靠在大陸。」

陳雲英認為：「改革開放40多年來，中國的經濟實力、科技實力、國防實力、綜合國力已經進入世界前列。臺灣同胞背靠強大的祖國，擁抱14億多人口形成的巨大市場，未來的發展道路將變得無比寬闊。」

陳雲英表示：「在內心裡，很多臺灣同胞是支持祖國和平統一的，只是目前受到民進黨當局的各種阻撓和相關政策的影響，他們可能沒有辦法發出聲音。但是，我相信他們內心彼此的默契，也看到他們希望祖國統一的曙光能夠日益光豔起來。」

回憶起履職人大代表以來對祖國大陸發展的變化和感受時，陳雲英說：「她最突出的感受就是自身〝理念的提升〞。在習近平新時代中國特色社會主義思想的指引下，中國的各方面都提升到了全新的高度。每一年參加人民代表大會，都是對自己腦力的激蕩和知識的洗禮。」

陳雲英說：「5年以來，中國的全過程人民民主成

果顯著，代表委員們的每一條建議、提議都會被記錄並且得到回應。今年我提出了關於建立消費品大國品牌的建議，很快就得到了有關部門的回應。這激勵我要更加加倍地努力，爭取讓自己提出的建議可以有助於促進國家更好地發展。」

陳雲英表示：「相信在以習近平總書記為核心的黨中央的堅強領導下，在全國各族人民的共同努力下，中華民族一定能夠實現偉大復興。即使我們強大了，也依然會像習近平總書記所說的那樣，我們不會稱霸，我們會依然堅持人類命運共同體的理念，與全世界人民互利共贏，共同創造人類的美好未來。」

2·媽祖湄洲祖廟朝聖：

湄洲媽祖祖廟牽起兩岸情，臺灣個人或組團，到大陸湄洲媽祖祖廟朝聖者，不計其數，比較大或比較特別的朝聖團體主要有：

A.金門媽祖朝聖團直航湄洲宗教交流：

臺灣《金門日報》

福建莆田湄洲島媽祖祖廟
圖片來源：《維基百科》

98/04/11 報導說：「〝金門縣各界組團直航赴湄洲媽祖祖廟朝聖活動〞昨日在地區熱烈歡送下啟航出發，展開為期三天兩夜的宗教交流

金門媽祖朝聖團直航湄洲宗教交流
圖文來源：《金門日報》

，金門代表團受到當地政府的盛情接待，隨即進行盛大繞境祈福儀式，此外，祖廟也精心安排文藝表演，讓金門信徒體驗不同的媽祖文化。

　　昨日上午七時許金門縣議會議長謝宜璋與縣長李炷烽兩人親自率領一百八十人由金門縣各界所組成的〝湄洲媽祖祖廟朝聖團〞，直航前進湄洲。

　　此行地區的天后宮媽祖會與料羅順濟宮分別供請大媽、二媽、三媽與聖母媽等媽祖金身前往，其他的廟宇也請出媽祖神像與盛大旗幟及陣頭加入陣容，讓昨日整個水頭碼頭顯得〝神〞氣十足，相當熱鬧。

　　每個參與信眾懷著虔誠的心，亦步亦趨的跟在媽祖神像身後，媽祖神像一落座，總會看到大批工作人員協

助整理媽祖金身，讓媽祖神像總是出落得莊嚴。」

B.名間朝聖宮媽祖湄洲進香：

臺灣《新生報》2015/04/24報導說：「恭奉三百一十一年歷史，名間鄉朝聖宮媽祖訂於二十六日前往中國湄洲謁祖進香，將由該宮主委黃秋桃帶領三十餘位信眾，迎請媽祖金尊前往，預計五月一日傍晚返回，屆時將有六友宮廟迎神陣頭及地方政要接駕回鑾，並進行新街村的遶境，祈福保平安……。」

C.臺灣23家媽祖宮廟聯合進香首發團赴湄洲祖廟朝聖：

臺灣臺中大雅永興宮主委朱宗敏先生，於2018年06月04日率領雲林斗六新興宮等23家媽祖宮廟，所組成的〝海峽兩岸文化交流聯誼會〞一行總計240人，前往大陸湄洲媽祖祖廟謁祖進香。

D.單車朝聖之路485K騎行湄洲島拜媽祖：

欽基莫(chinlckimo)等九人，騎自行車從臺北出發，在基隆港登船，經馬祖，到福州琅岐港下船，接著騎自行車經福州、莆田，渡輪至湄洲島媽祖祖廟朝聖。回程從湄洲島渡輪至莆田，騎自行車至泉州、晉江、廈門，登船回到基隆，再騎自行車回臺北，計七天七夜，搭船四段，騎行485公里。這是新的路線，也是新的嘗試。

E.有心有緣連續21年詣湄洲媽祖祖廟朝聖：

臺灣《每日頭條》2021/12/04報導說：「12月4日上午七時，在祖廟寢殿內，兩岸三地心緣團一行六人遵循古制，告潔告虔，代

兩岸三地心緣團合照
圖文來源：《每日頭條》

表心緣團全體成員向媽祖祈福並舉行誦經儀式。

〝有心有緣即成團〞這是2001年臺商陳勇雄參訪祖廟遇到志同道合的朋友臨時起意的一句話。兩岸三地心緣團，就和名字承載的含義一樣，這是一個由兩岸三地的人們因為相同的媽祖心與名為緣分的命運聯結而成的團體。從2001年到2020年，兩岸三地心緣團連續20年組織進香團來湄洲媽祖祖廟謁祖進香，這份持續了20年並將繼續進行下去的堅持對雙方而言都有著特別的含義。心緣團目睹了祖廟21年來翻天覆地的變化，祖廟見證了心緣團由最初那個十數人的小團體變成如今這個超過300人的大家庭。……

　　海峽兩岸〝人同根，神同源〞。臺灣媽祖敬仰者多達1600萬，占臺灣人口的三分之二，對媽祖的敬仰早已根植於臺灣同胞的生活中。多年來，湄洲媽祖祖廟一直踐行〝兩岸一家親〞的理念，持續發揮媽祖文化在兩岸民間交流中的橋樑工作，多舉措增進兩岸同胞的親情和福祉、增強兩岸同胞在文化上的認同，用中華傳統優秀文化維繫兩岸同胞的骨肉親情。」

二、法理論述

　　如前所述，臺灣與大陸之間，在上古時期是連接一起，後因海浪長期的沖刷，中間沖刷成臺灣海峽而隔離。根據文獻記載，在三國時期孫權已派兵到過臺灣，至永曆十五（1661）年鄭成功率軍攻入臺灣驅逐荷蘭，開啟南明王朝延平郡王在臺灣的統治，臺灣就明確畫入中國版圖。清朝康熙22（1683）年，延平郡王鄭克塽降清，清軍占領臺灣，將臺灣劃入清朝版圖，並派官吏來臺治理。雖然在光緒二十(1894)年，爆發中日甲午戰爭，清朝政府把臺灣割讓給日本半個世紀之久(1895～1945年)。但在民國三十四(1945)年，第二次世界大戰結束，臺灣便重新回歸中國版圖。

　　根據大陸《一個中國的原則與臺灣問題》白皮書上說：「一八九五年四月，日本通過侵華戰爭，強迫清朝

政府簽訂不平等的《馬關條約》，霸佔了臺灣。一九三七年七月，日本發動全面侵華戰爭。一九四一年十二月，中國政府在《中國對日宣戰佈告》中昭告各國，中國廢止包括《馬關條約》在內的一切涉及中日關係的條約、協定、合同，並將收復臺灣。一九四三年十二月，中美英三國政府發表的《開羅宣言》規定，日本應將所竊取于中國的包括東北、臺灣、澎湖列島等在內的土地，歸還中國。一九四五年，中美英三國共同簽署、後來又有蘇聯參加的《波茨坦公告》規定：〝開羅宣言之條件必將實施。〞同年八月，日本宣布投降，並在《日本投降條款》中承諾〝忠誠履行波茨坦公告各項規定之義務〞。十月二十五日，中國政府收復臺灣、澎湖列島，重新恢復對臺灣行使主權。

一九四九年十月一日，中華人民共和國中央人民政府宣告成立，取代中華民國政府成為全中國的唯一合法政府和在國際上的唯一合法代表，中華民國從此結束了它的歷史地位。這是在同一國際法主體沒有發生變化的情況下新政權取代舊政權，中國的主權和固有領土疆域並未由此而改變，中華人民共和國政府理所當然地完全享有和行使中國的主權，其中包括對臺灣的主權。

國民黨統治集團退踞臺灣以來，雖然其政權繼續使用〝中華民國〞和〝中華民國政府〞的名稱，但它早已完全無權代表中國行使國家主權，實際上始終只是中國

領土上的一個地方當局。中華人民共和國中央人民政府成立當天即向各國政府宣布：『本政府為代表中華人民共和國全國人民的唯一合法政府。凡願遵守平等、互利及互相尊重領土主權等項原則的任何外國政府，本政府均願與之建立外交關係。』隨後又致電聯合國，聲明：『國民黨當局〝已喪失了代表中國人民的任何法律的與事實的根據〞，完全無權代表中國。外國承認中華人民共和國政府是代表全中國的唯一合法政府，與臺灣當局斷絕或不建立外交關係，是新中國與外國建交的原則。

　　中國政府堅持一個中國原則的嚴正立場和合理主張，贏得了越來越多的國家和國際組織的理解和支持，一個中國原則逐步為國際社會所普遍接受。一九七一年十月，第二十六屆聯合國大會通過2758號決議，驅逐了臺灣當局的代表，恢復了中華人民共和國政府在聯合國的席位和一切合法權利。一九七二年九月，中日兩國簽署聯合聲明，宣布建立外交關係，日本承認中華人民共和國政府是中國的唯一合法政府，充分理解和尊重中國政府關於臺灣是中華人民共和國領土不可分割的一部份的立場，並且堅持遵循《波茨坦公告》第八條規定的立場。一九七八年十二月，中美發表建交公報，美國〝承認中華人民共和國政府是中國的唯一合法政府〞；〝承認中國的立場，即只有一個中國，臺灣是中國的一部份〞。目前，161個國家與中華人民共和國建立了外交關

係，它們都承認一個中國原則，並且承諾在一個中國的框架內處理與臺灣的關係。」

三、武力論述

根據大陸《一個中國的原則與臺灣問題》白皮書上說：「一個中國原則是中國政府對臺政策的基石。經由鄧小平同志的倡導，中國政府自一九七九年開始實行和平統一的方針，並逐步形成了〝一國兩制〞的科學構想，在此基礎上，確立了〝和平統一、一國兩制〞的基本方針。這一基本方針和有關政策的要點是：爭取和平統一，但是不承諾放棄使用武力；積極推動兩岸人員往來和經濟、文化等各項交流，早日實現兩岸直接通郵、通航、通商；通過和平談判實現統一，在一個中國原則下什麼都可以談；統一後實行〝一國兩制〞，中國的主體（中國大陸）堅持社會主義制度，臺灣保持原有的資本主義制度長期不變；統一後臺灣實行高度自治，中央政府不派軍隊和行政人員駐臺；解決臺灣問題是中國的內政，應由中國人自己解決，不需借助外國力量。上述方針和政策，貫徹了堅持一個中國原則的基本立場和精神，也充分尊重了臺灣同胞當家作主、管理臺灣的願望。江澤民主席在一九九五年一月發表發展兩岸關係、推進祖國和平統一進程的八項主張時，明確指出：〝堅持一個中

國的原則，是實現和平統一的基礎和前提。"

　　只有堅持一個中國原則才能實現和平統一。臺灣問題是中國內戰遺留下來的問題。迄今，兩岸敵對狀態並未正式結束。為了維護中國的主權和領土完整，為了實現兩岸統一，中國政府有權採用任何必要的手段。採用和平的方式，有利於兩岸社會的共同發展，有利於兩岸同胞感情的融合和團結，是最好的方式。中國政府于一九七九年宣布實行和平統一的方針時，是基於一個前提，即當時的臺灣當局堅持世界上只有一個中國、臺灣是中國的一部份。同時，中國政府考慮到長期支持臺灣當局的美國政府承認了世界上只有一個中國、臺灣是中國的一部份、中華人民共和國政府是中國的唯一合法政府，這也有利於用和平的方式解決臺灣問題。中國政府在實行和平統一方針的同時始終表明，以何種方式解決臺灣問題是中國的內政，並無義務承諾放棄使用武力。不承諾放棄使用武力，決不是針對臺灣同胞的，而是針對製造"臺灣獨立"的圖謀和干涉中國統一的外國勢力，是為爭取實現和平統一提供必要的保障。採用武力的方式，將是最後不得已而被迫作出的選擇。

　　對臺灣而言，堅持一個中國原則，標誌著承認中國的主權和領土不可分割，這就使兩岸雙方有了共同的基礎和前提，可以通過平等協商，找到解決雙方政治分歧的辦法，實現和平統一。如果否認一個中國原則，圖謀

將臺灣從中國領土中分割出去，那就使和平統一的前提和基礎不復存在。

對美國而言，承諾奉行一個中國政策，就要切實執行中美兩國政府之間的三個公報和美方的一系列承諾，就應當只與臺灣保持文化、商務和其他非官方的關係，反對所謂〝臺灣獨立〞、〝兩個中國〞、〝一中一臺〞，不阻撓中國的統一。反之，就破壞了中國政府爭取和平統一的外部條件。

對於亞太地區和世界其他地區的國家而言，臺灣海峽局勢一直與亞太地區的安定密切相關。有關各國堅持一個中國政策，有利於維護亞太地區的和平與穩定，也有利於中國同各國發展友好關係，符合亞太地區乃至世界各國的利益。

中國政府積極地真誠地努力爭取實現和平統一。為了爭取和平統一，中國政府一再呼籲在一個中國原則基礎上舉行兩岸平等談判。充分考慮到臺灣的政治現實，為了照顧臺灣當局關於平等談判地位的要求，我們先後提出了舉行中國共產黨和中國國民黨兩黨對等談判、兩黨談判可以吸收臺灣各黨派團體有代表性的人士參加等主張，而始終不提〝中央與地方談判〞。中國政府還提出，可先從進行包括政治對話在內的對話開始，逐步過渡到政治談判的程序性商談，解決正式談判的名義、議

題、方式等問題，進而展開政治談判。政治談判可以分步驟進行，第一步，先就在一個中國原則下正式結束兩岸敵對狀態進行談判，並達成協定，共同維護中國的主權和領土完整，並對今後兩岸關係發展進行規劃。一九九八年一月，為尋求和擴大兩岸關係的政治基礎，中國政府向臺灣方面明確提出，在統一之前，在處理兩岸關係事務中，特別是在兩岸談判中，堅持一個中國原則，也就是堅持世界上只有一個中國，臺灣是中國的一部份，中國的主權和領土完整不容分割。中國政府希望，在一個中國原則基礎上，雙方平等協商，共議統一。

臺灣分裂勢力蓄意破壞一個中國原則。一九八八年，李登輝繼任為臺灣當局的領導人。當時他多次公開表示，臺灣當局的基本政策就是〝只有一個中國而沒有兩個中國的政策〞；〝我們一貫主張中國應該統一，並堅持一個中國的原則〞。但是，從九十年代初開始，李登輝逐步背離一個中國原則，相繼鼓吹〝兩個政府〞、〝兩個對等政治實體〞、〝臺灣已經是個主權獨立的國家〞、〝現階段是中華民國在臺灣與中華人民共和國在大陸〞，而且自食其言，說他〝始終沒有講過一個中國〞。李登輝還縱容、扶持主張所謂〝臺灣獨立〞的分裂勢力及其活動，使〝臺獨〞勢力迅速發展、臺獨思潮蔓延。在李登輝主導下，臺灣當局採取了一系列實際的分裂步驟。在臺灣政權體制方面，力圖通過所謂的〝憲政改革〞

將臺灣改造成一個〝獨立的政治實體〞，以適應製造〝兩個中國〞的需要。在對外關係方面，不遺餘力地進行以製造兩個中國為目的的〝拓展國際生存空間〞活動。一九九三年以來，連續七年推動所謂〝參與聯合國〞的活動。在軍事方面，大量向外國購買先進武器，謀求加入戰區導彈防禦系統，企圖變相地與美、日建立某種形式的軍事同盟。在思想文化方面，圖謀抹殺臺灣同胞、特別是年輕一代的中國人意識和對祖國的認同，挑起臺灣同胞對祖國的誤解和疏離感，割斷兩岸同胞的思想和文化紐帶。

一九九九年以來，李登輝的分裂活動進一步發展。五月，他出版《臺灣的主張》一書，鼓吹要把中國分成七塊各自享有〝充分自主權〞的區域。七月九日，他公然將兩岸關係歪曲為〝國家與國家，至少是特殊的國與國的關係〞，企圖從根本上改變臺灣是中國一部份的地位，破壞兩岸關係、特別是兩岸政治對話與談判的基礎，破壞兩岸和平統一的基礎。李登輝已經成為臺灣分裂勢力的總代表，是臺灣海峽安定局面的破壞者，是中美關係發展的絆腳石，也是亞太地區和平穩定的麻煩製造者。

中國政府堅決捍衛一個中國原則。對於以李登輝為代表的臺灣分裂勢力的種種分裂活動，中國政府和人民一直保持著高度的警惕，並進行了堅決的鬥爭。一九九五年六月李登輝以所謂〝私人〞名義訪問美國後，中國

政府果斷地開展了反分裂、反臺獨的鬥爭，並對美國政府公然允許李登輝訪美、違背美國在中美三個聯合公報中所作的承諾、嚴重損害中國主權的行為，提出了強烈的抗議，進行了嚴正的交涉。這場鬥爭顯示了中國政府和人民捍衛國家主權和領土完整的堅強決心和能力，產生了重大和深遠的影響。臺灣同胞進一步認識到臺獨的嚴重危害。李登輝在國際上進行分裂活動受到沉重打擊。部份臺獨勢力被迫放棄了某些極端的分裂主張。國際社會進一步注意到堅持一個中國政策的必要性，美國政府還明確承諾不支持臺灣獨立、不支持兩個中國或一中一臺、不支持臺灣加入任何必須由主權國家參加的國際組織。

李登輝拋出〝兩國論〞後，中國政府和人民進行了更加堅決的鬥爭。針對臺灣分裂勢力企圖通過所謂〝法律〞形式落實兩國論的活動，中國政府有關部門明確指出，這是一個更加嚴重和危險的分裂步驟，是對和平統一的極大挑釁。如果這一圖謀得逞，中國和平統一將變得不可能。這場鬥爭形成了海內外中國人同聲譴責兩國論的強大聲勢。世界上大多數國家重申堅持一個中國政策。美國政府也重申堅持一個中國政策和對臺灣〝三不支持〞的承諾。臺灣當局被迫表示不會依照兩國論修改所謂〝憲法〞、〝法律〞。

但是，臺灣分裂勢力仍在企圖以所謂〝制憲〞、〝修

憲〞、〝解釋憲法〞或〝立法〞等多種形式，用所謂法律形式實現在〝中華民國〞名義下把臺灣從中國分割出去的圖謀。特別值得警惕的是，臺灣分裂勢力一貫圖謀破壞中美關係，挑起中美衝突和對抗，以便實現他們的分裂圖謀。事實證明，臺灣海峽局勢仍然存在著嚴重的危機。為了維護包括臺灣同胞在內的全中國人民的利益，也為了維護亞太地區的和平與發展，中國政府仍然堅持和平統一、一國兩制方針不變，仍然堅持江澤民主席提出的發展兩岸關係、推進祖國和平統一進程的八項主張不變，仍然盡一切可能爭取和平統一。但是，如果出現臺灣被以任何名義從中國分割出去的重大事變，如果出現外國侵佔臺灣，如果臺灣當局無限期地拒絕通過談判和平解決兩岸統一問題，中國政府只能被迫採取一切可能的斷然措施、包括使用武力，來維護中國的主權和領土完整，完成中國的統一大業。中國政府和人民完全有決心、有能力維護國家主權和領土完整，決不容忍、決不姑息、決不坐視任何分裂中國的圖謀得逞，任何分裂圖謀都是註定要失敗的。」

如前所述，臺灣自從李登輝喊出〝兩國論〞，繼任者陳水扁、蔡英文加以發揚光大為〝一邊一國〞，並獲得下一代年輕人的支持，兩岸便註定背道而馳，往分裂的方向進行。大陸見狀，軟的不行自然來硬的，文攻武嚇，尤其是想盡辦法斷絕臺灣的國際空間，兩岸關係更

為惡化，惡性互動關係的產生，是造成越走越遠的後果。

大陸受到2014年香港的〝雨傘革命〞及2019年〝反對逃犯條例修訂草案運動〞的影響，已放棄對臺灣實施一國兩制，思考一次就解決臺灣問題，故大陸目前的態度是以武力解放臺灣。大陸的軍事演習、戰機擾臺等行為，無非在創造成熟的時機點，一舉攻下臺灣。

綜上所說，大陸對臺灣之主張，大致上是全民一致且一貫的認為，臺灣自古以來就是中國的領土，是中國的一個省，其基調來自於文化、法理，以及武力等論述。在文化論述方面認為，兩岸人民共同承襲中國的文化傳統，同文同種、同根同源同信仰，有著最近的距離和最親的血脈，臺灣同胞的祖籍大都在大陸，尋根是臺灣同胞心裡認祖歸宗的願望；在法理論述方面認為，明鄭時期臺灣就明確畫入中國版圖，縱然曾一度祖先把臺灣割讓給日本，但在第二次世界大戰結束後，臺灣便重新回歸中國版圖。在武力論述方面認為，臺灣自從李登輝喊出〝兩國論〞，繼任者陳水扁、蔡英文加以發揚光大為〝一邊一國〞，並獲得下一代年輕人的支持後，臺灣便走向獨立的道路而不肯回頭，加上受到香港的〝雨傘革命〞及〝反對逃犯條例修訂草案運動〞的影響，已放棄對臺灣實施一國兩制的和平統一，以武力解放臺灣則勢在必行。

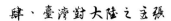

肆、臺灣對大陸之主張

一、統獨之爭
二、法理之爭
三、維持現狀

　　臺灣對大陸之主張，可分為統獨之爭、法理之爭，以及維持現狀等三種主張來說明：

一、統獨之爭

　　所謂統獨之爭，即是統派與獨派的爭論。統派是指主張兩岸統一，反對臺灣獨立的人。統派又分為〝紅統〞與〝藍統〞。紅統是親中華人民共和國，擁護中國共產黨的一國兩制統一中國；而藍統是秉持一個中國就是中華民國，以三民主義統一中國。獨派是指主張臺灣獨立，反對兩岸統一的人。獨派又分為〝獨臺〞與〝華獨〞。獨臺主張臺灣應該以臺灣的名義，建構獨立的國家；而華獨主張臺灣應該以中華民國的名義，成為獨立的國家。主張不統、不獨、不武的，則被認為是〝維持現狀〞的人。如果用二分法，大致是藍營主張兩岸統一，綠營主張臺灣獨立。

1.兩岸統一：

　　贊成〝兩岸統一〞的人認為，兩岸人民來自共同的祖先，有一樣的血脈，是同根同源，共同承襲中國五千年的文化傳統，一樣的語言文字，以及文化信仰等。兩岸的隔離，乃因當年國共恩怨，兩黨內戰所造成，現在

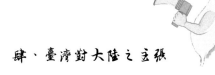

兩岸已和解，並有大量的經貿往來，以及文化交流等，理應往統一的方向走，待兩岸人民的生活水準接近時，中國就可以和平統一。

2.臺灣獨立：

　　贊成〝臺灣獨立〞的人認為，臺灣的地位〝未定論〞[1]，臺灣是在二戰後被中華民國政權所佔領，而在現實上和國際上，中華民國並不能代表中國，臺灣因未宣布獨立，國家地位無法獲得國際承認。臺灣應該徹底摒棄現有的中華民國體制，建立專屬於全體臺灣人的主權國家，並制定新的憲法與國家象徵的國旗與國歌等，以臺灣名義加入聯合國，與中國在政治上完全分離；反對被中華民國或中華人民共和國政權併吞，以及混合兩者的論述，即若不實踐獨立建國的話，國民黨領導的中華民國，遲早會被迫向對岸投降而不再反共。

3.民意顯示：

　　根據《臺灣民意基金會》於2022/04/26調查，有52.8%民眾認為要〝臺灣獨立〞，僅11%民眾認為要〝兩岸統一〞，〝維持現狀〞則有22.4%。根據《臺灣選舉與民

---

[1] 臺灣地位未定之說出現於第二次世界大戰戰後初期，至遲由美國駐臺新聞處處長羅伯特・卡度於 1946 年提出該論述。

主化調查(TEDS)》委託政大選研中心於2020/10/07公布，有關〝臺灣獨立〞的民調統計16年變化走勢，可以發現，統獨的支持度，隨著年份一直在演變，如下圖：

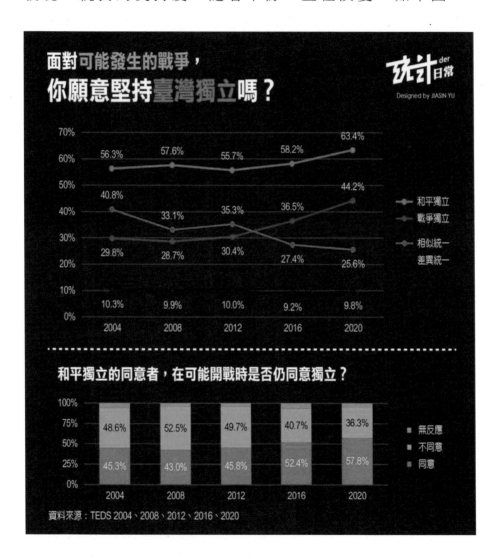

圖片來源：《統計der日常--JIASIN YU臉書》

　　在〝臺灣獨立〞方面，當問題為「如果臺灣宣布獨立後，仍然可以和中國大陸維持和平的關係，則臺灣應該成為一個新國家。」支持〝和平獨立〞的比例從2004年的56.3%持續攀升，至2020年達到63.4%。若問題為「就算臺灣宣布獨立後，會引起中國大陸攻打臺灣，臺灣還是應該成為一個新國家。」支持〝戰爭獨立〞的比例，從2004年的29.8%不斷上升，到2020年時達到近44.2%。

　　在〝兩岸統一〞方面，也有不小的變化。當問題為「如果中國大陸和臺灣在經濟、社會、政治各方面的條件相當，則兩岸應該統一。」支持的比例逐年下降，從2004年的40.8%，到2020年僅剩下25.6%，且在2013年時，支持〝統一〞和支持〝獨立〞的比例出現交錯。當問題為「就算中國大陸和臺灣在經濟、社會、政治各方面的條件差別相當大，兩岸還是應該統一。」支持的比例，16年來則依舊維持在10%上下，顯示臺灣仍有約1成的人，堅定支持兩岸統一。

　　可見，仕2012年以前，主張統一的人大於主張獨立的人，選舉對藍營有利；2012年到2016年，統一與獨立勢均力敵，藍綠呈現拉鋸戰；2016年以後，獨立大於統一，選舉對綠營有利，而這種差距有越來越大的趨勢。

　　總的來說，隨著時間的推移，臺灣越來越多人支持獨立，即使會發生戰爭，這個趨勢也不會有太大的改變。

當然，民調與實際戰爭，仍會有相當的差距。統獨之爭，向來為藍綠攻防之主軸，尤其在選舉季節更是紛擾不斷，社會為之動盪不安。

二、法理之爭

統派與獨派，對於兩岸關係的主張不同，在法理上的看法也截然不同，因此有了法理之爭：

1.兩岸統一：

贊成〝兩岸統一〞的人認為，在永曆十五（1661）年的明鄭時期，臺灣就明確畫入中國版圖。清朝康熙22（1683）年，清軍占領臺灣，把臺灣畫入中國版圖，並派官吏來臺治理。雖然在光緒二十(1894)年，清朝政府把臺灣割讓給日本，但在民國三十四(1945)年，第二次世界大戰結束，臺灣便重新回歸中國版圖。

在1943年，中美英三國政府發表的《開羅宣言》[2]規定，日本應將所竊取于中國的包括東北、臺灣、澎湖列島等在內的土地，歸還中國。1945年，中美英三國共同

---

[2] 《開羅宣言》是美國總統羅斯福、中華民國國民政府委員會主席蔣中正，和英國首相丘吉爾於第二次世界大戰後期的 1943 年 11 月 23 日至 11 月 27 日，在埃及首都開羅舉行會議後，在 1943 年 12 月 1 日所發表的對日作戰新聞公報的通稱。

簽署，後來又有蘇聯參加的《波茨坦公告》[3]規定：〝開羅宣言之條件必將實施。〞同年8月，日本宣布投降，並在《降伏文書》[4]中承諾〝忠誠履行波茨坦公告各項規定之義務〞。同年10月25日，中國政府收復臺灣、澎湖列島，重新恢復對臺灣行使主權，尤其是在簽訂《中日和約》[5]後得到確認。

依中華民國憲法的規定，在立國之初的民國元（1912）年3月8日通過，3月11日公布的《中華民國臨時約法》第三條：「中華民國領土為二十二行省、內外蒙古、西藏、青海。」該憲法雖經幾次修訂，到了民國

---

[3] 《波茨坦公告》，又稱《波茨坦宣言》、《中美英三國促令日本投降之波茨坦公告》，是 1945 年在波茨坦會議上，美國總統哈利·S·杜魯門、英國首相溫斯頓·邱吉爾、中華民國國民政府主席蔣中正，以及蘇聯共產黨總書記約瑟夫·史達林聯合發表的一份公告。

[4] 1945 年 8 月 14 日，日本政府宣布接受《波茨坦公告》；8 月 15 日，昭和天皇發表《終戰詔書》，宣布日本政府願意遵從同盟國提出的無條件投降之要求；9 月 2 日，日本投降代表團共 11 人登上停泊於東京灣的美國軍艦密蘇里號簽署《降伏文書》，正式無條件投降。同盟國有美國等九個國家的代表出席簽署，與日本以此形式達成停戰協定。

[5] 《中華民國與日本國間和平條約》，簡稱《中日和平條約》、《中日和約》，為中華民國與日本結束兩國之間，自第二次世界大戰以來的戰爭狀態而簽訂的和平條約，於 1952 年 4 月 28 日在臺北賓館簽署，同年 8 月 5 日雙方換文生效。該條約明定中華民國與日本之間的戰爭狀態，自本約發生效力之日起即告終止。雙方承認：日本已在舊金山和約放棄對於臺灣、澎湖群島以及南沙群島、西沙群島之一切權利、權利名義與要求；日本已放棄自 1941 年 12 月 9 日以來在中國之一切特殊權利及利益。雙方表示將開始經濟方面之友好合作，儘速商訂兩國貿易、航業、漁業及其他商務關係的條約或協定。日本在 1972 年 9 月 29 日與中華民國斷交後片面廢止和約。

35（1946）年12月25日制定，隔年1月1日公布，12月25日施行的《中華民國憲法》第四條：「中華民國領土，依其固有之疆域，非經國民大會之決議，不得變更之。」以至最後一次修憲為民國93（2004）年8月23日立法院通過，民國94（2005）年6月7日國民大會複決，6月10日總統公布的《中華民國憲法增修條文》第一條：「中華民國自由地區選舉人於立法院提出憲法修正案、領土變更案，經公告半年，應於三個月內投票複決，不適用憲法第四條、第一百七十四條之規定。」

可見，中華民國從立國之初的《中華民國臨時約法》，以至最後一次的《中華民國憲法增修條文》，其固有之疆域均包含大陸，縱目前的治權只限臺澎金馬，不及大陸，但法定領土仍含大陸各省。因此，從法理來看，臺灣與大陸皆屬於中華民國的疆域。

2. 臺灣獨立：

贊成〝臺灣獨立〞的人認為，臺灣的主權歸屬未定，也就是〝臺灣主權未定論〞，中華民國不擁有臺灣島與澎湖群島的主權，而是臺澎的代管政府。他們認為臺灣沒有從中國或任何國家分離獨立的問題，只存在何時要行使自決權建國，成為主權獨立狀態的問題，並訴求臺灣以住民自決的方式建國，透過國際法的法理被正式承

認為主權國家。臺灣主權未定論
之說，出現於第二次世界大戰戰
後初期，至遲由美國駐臺新聞處
處長羅伯特·卡度於1946年提出
該論述。美國國務院政策規劃局
局長喬治·凱南（George Frost
Kennan，1904～2005年）等人也
在1948年提出過該論述。1949年
3月更有駐日盟軍總司令麥克阿
瑟（Douglas MacArthur，
1880～1964年）曾表示：「在
對日和約簽定之前，臺灣仍
屬於盟軍總部。」同年4月，
美國國務院新聞事務特別助
理麥克德莫特（Michael J.
McDermott）也公開表示，
臺灣與戰時的庫頁島一樣，
「其最後地位將由一項和約
決定」。麥克德莫特之言是
美國官方首次公開表明臺灣
地位未定。

1950年6月25日韓戰爆
發，美國為防止中共佔領臺

喬治·凱南
圖片來源：《維基百科》

麥克阿瑟
圖片來源：《維基百科》

灣，杜魯門總統（Harry S. Truman，1884～1972年）於
6月27日發表聲明，並派遣第七
艦隊協防臺灣，實施臺海中立
化，同時聲明：「臺灣未來的地
位必須等到太平洋地區恢復安
全、對日本的和平條約訂立、或
經聯合國審議後才能決定。」後
世普遍將此聲明解讀為臺灣地位
未定論之起源。

杜魯門先生；圖片來
源：《維基百科》

1951 年 日
本與同盟國簽訂
《舊金山和約》
時，絕大多數簽
約國代表的共識
為臺灣的地位暫
時未定。1952年
日本與中華民國
政府簽訂《中日
和約》；1972年

美國第七艦關注〝中國擴軍〞及俄國在太
平洋動向；圖片來源：《Facebook／U.S.
Pacific Fleet》

與中華人民共和國政府另行簽訂《中日聯合聲明》，1978
年又簽訂《中日和平友好條約》，來確認《中日聯合聲
明》的和平共處五項原則為具法律地位。但是在這些和
約中，日本都只有表示〝放棄〞對臺灣、澎湖等島嶼的

一切權利、權利名義與要求，並未表明臺灣主權歸屬於何方。

　　而美國則視《開羅宣言》與《波茨坦公告》中，關於臺灣的部份為從未正式執行的意向聲明，且認為《中日和約》與《中日和平友好條約》並未處理臺灣地位問題，因此認定臺灣地位未定。美國政府在1979年所簽訂的《中美建交公報》與1982年簽訂的《八一七公報》中，聲明美國〝認知〞中國的立場，即〝只有一個中國，臺灣是中國的一部份〞，其後表示〝認知〞不代表認可，不代表接受，除了認知以外不代表任何意義。美國不承認中華人民共和國對臺灣的主張，亦不承認臺灣是主權獨立的國家。[6]贊成〝臺灣獨立〞的人依此認為臺灣主權未定論，並主張依國際法而言，戰爭的始末是從宣戰到和平條約生效為止，所有經過協議後的權利義務，須在和平條約生效以後才能產生法律關係。

6　參見《維基百科‧臺灣地位未定論條》，https://zh.m.wikipedia.org/zh-tw/%E5%8F%B0%E7%81%A3%E5%9C%B0%E4%BD%8D%E6%9C%AA%E5%AE%9A%E8%AB%96，2022.03.30上網。

三、維持現狀

主張〝維持現狀〞的人大致有三種狀況：一為統派者，基於現實中華民國並無能力統一中國，兩岸人民的民主素養、生活水準仍有相當的差距，雖最終主張中國統一，但現階段還是維持中華民國與中華人民共和國並存的現狀比較好；二為獨派者，基於大陸武力的威脅，雖最終主張臺灣獨立，但現階段只好屈就於維持現狀，以等待時機；三為中立者，沒有統一或獨立的意識形態，並基於事實的存在，中華民國本就是一個獨立的國家，主張維持現狀與中華人民共和國永久和平共存。

在2013年10月30日，TVBS公布的〝臺灣民眾統獨立場民調〞顯示：

維持現狀：64%

傾向獨立：24%

傾向統一：7%；

若進一步詢問民眾，兩岸關係只能有一種選擇時，民調顯示：

傾向獨立：71%(為歷年新高)

傾向統一：18%

　　到了2020年7月，政治大學民調中心調查〝臺灣民眾統獨立場〞趨勢分布：

　　盡快獨立：7.4%

　　偏向獨立：27.7%(為歷年新高)

　　永遠維持現狀：23.6%

　　維持現狀再決定：28.7%

　　盡快統一：0.7%(創下歷年新低)

　　據上面的民調顯示，從以前到現階段，不管是自願的主張或無奈地接受，維持現狀始終超過50%，這也說明臺灣大部份人是理性而有智慧，因維持現狀對臺灣人民最為有利，任何改變現狀，臺灣都必須付出慘痛代價。然筆者最擔心的是，被美國利用，被大陸激怒，被政客挑撥，一時意氣用事，則臺灣亡矣！

　　綜上所說，臺灣對大陸之主張，其內部的看法不同，可分為統獨之爭、法理之爭，以及維持現狀等三種主張。統派是以文化論述強調，兩岸人民來自共同的祖先，共同承襲中國五千年的文化傳統，一樣的語言文字，以及文化信仰等，所以最終兩岸應該統一。獨派是以法理論述認為，臺灣主權未定論，應該徹底摒棄現有的中華民國體制，建立專屬於全體臺灣人的主權國家，以臺

灣名義加入聯合國，反對被中華民國或中華人民共和國政權併吞，所以最終臺灣應該獨立。至於中立者則基於事實的存在，中華民國本就是一個獨立的國家，主張維持現狀與中華人民共和國永久和平共存共榮。

伍、國際對兩岸之態度

章度

一、聯合國憲章態度

二、美國國際態度

三、國際

國際對兩岸之態度，並無訴之感性的文化論述空間，而是著重於理性的法理論述，故分為聯國憲章、美國態度，以及國際態度等三方面來做說明：

一、聯國憲章

聯合國憲章第1條，即開宗明義的規定：「維持國際和平及安全，並為此目的採取有效集體辦法，以防止且消除對於和平之威脅，制止侵略行為或其他和平之破壞，並以和平方法且依正義及國際法之原則，調整或解決足以破壞和平之國際爭端或情勢。」

聯合國憲章
圖片來源：《維基百科》

第2條第7款則規定：「本憲章不得認為，授權聯合國干涉在本質上屬於任何國家國內管轄之事件，且並不要求會員國將該項事件依本憲章提請解決；但此項原則不妨礙第七章內執行辦法之適用。」

第3條規定：「凡曾經參加金山聯合國國際組織會議，或前此曾簽字於一九四二年一月一日聯合國宣言之國家，簽訂本憲章，且依憲章第一百一十條規定而予以批准者，均為聯合國之創始會員國。」

第4條第1款規定：「凡其他愛好和平之國家，接受本憲章所載之義務，經本組織認為確能並願意履行該項義務者，得為聯合國會員國。」

第4條第2款規定：「准許上述國家為聯合國會員國，將由大會經安全理事會之推薦以決議行之。」

據上，大陸雖再三強調，臺灣是中國的一部份，與中國有隸屬關係，因此兩岸的爭議屬於內政，依聯合國憲章第2條第7款規定，其他國家不得干涉。臺灣當然是中國的一部份，但並不表示就與中華人民共和國有關係，它隸屬中華民國是事實的存在，不是大陸說了算。

臺灣雖也再三強調，中華民國是一個主權獨立的國家，它有自己的主權、領土，以及人民等構成國家的要素，與中華人民共和國之間沒有隸屬關係，是兩個不同的政權。但如果中華民國是一個主權獨立的國家，聯合國為什麼不承認，進而受到聯合國憲章第1條的保護，不再受大陸的威脅。所以，中華民國是不是一個主權獨立的國家，也不是臺灣說了算。

　　中華民國本是依據聯合國憲章第3條的規定，成為創始會員國，也是安全理事會的常任理事國。奈何！美國基於自身的利益，支持中華人民共和國取代中華民國在聯合國的地位與權力。1971年10月25日，在第26屆聯合國大會會議上表決並通過「恢復中華人民共和國在聯合國組織中的合法權利問題」的決議，中華人民共和國依此取代中華民國在聯合國擁有的中國代表權席位，是為〈聯合國大會第2758號決議〉，全文如下圖。

二七五八(二十六). 恢復中華人民共和國在聯合國的合法權利

　　大會，

　　回顧聯合國憲章的原則，

　　考慮到，恢復中華人民共和國的合法權利對於維護聯合國憲章和聯合國組織根據憲章所必須從事的事業都是必不可少的，

　　承認中華人民共和國政府的代表是中國在聯合國組織的唯一合法代表，中華人民共和國是安全理事會五個常任理事國之一，

　　決定：恢復中華人民共和國的一切權利，承認她的政府的代表為中國在聯合國組織的唯一合法代表並立即把蔣介石的代表從它在聯合國組織及其所屬一切機構中所非法佔據的席位上驅逐出去。

　　　　　　　　　　一九七一年十月二十五日，
　　　　　　　　　　第一九七六次全體會議。

圖文來源：《維基百科》

　　贊成的有 76 票；反對的有 35 票；17 票棄權；3 票缺席。如下圖：

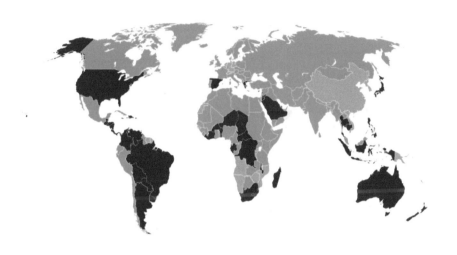

綠色為贊成，紅色為反對，藍色為棄權，黃色為缺席，灰色為非聯合國成員；圖片來源：《維基百科》

　　蔣介石見大勢已去，令中華民國代表團於大會投票前夕，退出大會未參與投票，外交部長周書楷聲明說：「因為當前聯合國正籠罩在不理性的情緒與程序之下，中華民國代表團從現在開始，不再參與任何聯合國的會議。聯合國成立時的信念已遭背叛。」並率領代表團全體團員走出會場。蔣介石只能於隔天 26 日下午，發表《中華民國退出聯合國告全國同胞書》說：「以臺澎金馬為基地的中華民國政府，乃是大陸七億中國人民真正代表。恢復大陸七億同胞的人權自由，乃整個中華民族

的共同意願，乃是我們絕不改變的國家目標和必須完成
的神聖責任。中華民國是一個獨立的主權國，對於主權
的行使，絕不受任何外來的干擾，無論國際形勢發生任
何變化，我們將不惜任何犧牲，從事不屈不撓的奮鬥，
絕對不動搖不妥協。」並聲稱〝漢賊不兩立〞，自此退
出聯合國。

　　現在有人罵蔣介石，若不是他
當年宣布退出聯合國，也就不會有
今日臺灣的困境，可受聯合國的保
護。這可冤枉了蔣介石，當年他委
曲求全，但依舊求不了全。話說
1970 年 時 ， 美 國 總 統 尼 克 森
（Richard Milhous Nixon，1913
～1994年）為了對抗蘇聯，決定拉
攏中華人民共和國，並接納他取得

尼克森先生；圖文
來源：《維基百科》

聯合國代表權，此時支持中華民國的陣線立即崩潰，倒
戈支持中華人民共和國。1971年4月23日，美國密使勞
勃·丹尼爾·墨非（Robert Daniel Murphy）來臺與蔣
介石討論〝雙重代表權〞，蔣介石表示在保留中華民國
安理會席位的條件下，可與中華人民共和國同時存在於
聯合國當中。

　　根據美國國務院〈臺北5869〉號解密電文，當時的
駐華大使馬康衛（Walter Patrick McConaughy, Jr.，

1908 ～ 2000年）曾應中華民國外交部次長楊西崑的要求，召開秘密會議。楊西崑向總統蔣介石提議，中華民國改名為中華臺灣共和國（ Chinese Republic of Taiwan），以行政命令通令全島進行公投決定臺灣前

季辛吉先生：圖文來源：《維基百科》

馬康衛先生：圖文來源：《維基百科》

楊西崑先生：圖片來源：《國家圖書館》

途，由臺灣人民選出制憲會議，並表示此方案需要美國表態支持並說服蔣介石。美國總統尼克森及其高級顧問季辛吉（Henry Alfred Kissinger 1923年－ ）因正在籌劃北京之行，未理會這個方案。[1]

---

[1] 參見《維基百科・聯合國大會第 2758 號決議條》，https://zh.m.wikipedia.org/zh-tw/%E8%81%AF%E5%90%88%E5%9C%8B%E5%A4%A7%E6%9C%83%E7%AC%AC2758%E8%99%9F%E6%B1%BA%E8%AD%B0，2022.03.30 上網。

　　1979年美國便正式與中華人民共和國建交，同時宣布與退守臺灣的中華民國斷交。所以，現在以中華民國名義，已不可能加入聯合國。改變國號並依聯合國憲章第4條第1、2款的規定，申請加入聯合國，試問身為聯合國安全理事會常任理事國之一的中華人民共和國，怎麼有可能讓它通過呢！

　　可見，要解決兩岸的爭議，必先確認中華民國與中華人民共和國之間的關係，才能適應於聯合國憲章的條款，然各有堅持，卻苦於沒有兩全其美的辦法。

二、美國態度

　　美國對於兩岸的態度，以中美三個聯合公報為基調，該等公報為：

1·1972年2月28日簽訂的《上海公報》：

　　有關兩岸的主要內容，中國方面重申自己的立場：「臺灣問題是阻礙中美兩國關係正常化的關鍵問題；中華人民共和國政府是中國的唯一合法政府；臺灣是中國的一個省，早已歸還祖國；解放臺灣是中國內政，別國無權干涉；全部美國武裝力量和軍事設施必須從臺灣撤走。中國政府堅決反對任何旨在製造〝一中一臺〞、〝一

個中國、兩個政府"、"兩個中國"、"臺灣獨立"和
鼓吹"臺灣地位未定"的活動。」

　　而美國則聲明：「美國認識到，在臺灣海峽兩邊的
所有中國人都認為只有一個中國，臺灣是中國的一部
份。美國政府對這一立場不提出異議；他重申他對由中
國人自己和平解決臺灣問題的關心，考慮到這一前景，
他確認從臺灣撤出全部美國武裝力量和軍事設施的最終
目標。在此期間，他將隨着這個地區緊張局勢的緩和逐
步減少在臺美軍設施和武裝力量。」

2.1978年12月16日簽訂的《中美建交公報》：

　　有關兩岸的主要內容，雙方聲明：「美利堅合眾國
承認中華人民共和國政府是中國的唯一合法政府。在此
範圍內，美國人民將同臺灣人民保持文化、商務和其他
非官方關係。中華人民共和國和美利堅合眾國重申上海
公報中雙方一致同意的各項原則，並再次強調：--美利
堅合眾國政府承認[2]中國的立場，即只有一個中國，臺灣

---

[2] 此處英文是 acknowledges 而非 recognizes。acknowledges 可
以指「認知」（知道），也可以指「承認」（接受）。此處中文本
寫作「承認」。關於此處存在的差異，參見對費浩偉（美國國務
院最後一任中華民國科科長）的訪談 Interview with Harvey
Feldman (PDF).The Association for Diplomatic Studies and
Training. Foreign Affairs Oral History Project. 2001: 69－
70.

是中國的一部份。」

3·1982年8月17日簽訂的《八一七公報》

有關兩岸的主要內容，雙方聲明：

A. 在中華人民共和國政府和美利堅合眾國政府發表的一九七九年一月一日建立外交關係的聯合公報中，美利堅合眾國承認中華人民共和國政府是中國的唯一合法政府，並承認中國的立場，即只有一個中國，臺灣是中國的一部份。在此範圍內，雙方同意，美國人民將同臺灣人民繼續保持文化、商務和其他非官方關係。在此基礎上，中美兩國關係實現了正常化。

B. 美國向臺灣出售武器的問題在兩國談判建交的過程中沒有得到解決。雙方的立場不一致，中方聲明在正常化以後將再次提出這個問題。雙方認識到這一問題將會嚴重妨礙中美關係的發展，因而在趙紫陽總理與羅奈爾得·雷根總統，以及黃華副總理兼外長與亞歷山大·黑格國務卿於一九八一年十月會見時，以及在此以後，雙方進一步就此進行了討論。

C. 互相尊重主權和領土完整、互不干涉內政是指導中美關係的根本原則。一九七二年二月二十八的上海公報確認了這些原則。一九七九年一月一日生效的建交公

報又重申了這些原則。雙方強調聲明，這些原則仍是指導雙方關係所有方面的原則。

D.中國政府重申，臺灣問題是中國的內政。一九七九年一月一日中國發表的告臺灣同胞書宣布了爭取和平統一祖國的大政方針。一九八一年九月三十日中國提出的九點方針是按照這一大政方針爭取和平解決臺灣問題的進一步重大努力。

E.美國政府非常重視他與中國的關係，並重申他無意侵犯中國的主權和領土完整，無意干涉中國的內政，也無意執行〝兩個中國〞或〝一中一臺〞政策。美國政府理解並欣賞一九七九年一月一日，中國發表的告臺灣同胞書和一九八一年九月三十日中國提出的九點方針中，所表明的中國爭取和平解決臺灣問題的政策。臺灣問題上出現的新形勢也為解決中美兩國在美國售臺武器問題上的分歧提供了有利的條件。

F.考慮到雙方的上述聲明，美國政府聲明，他不尋求執行一項長期向臺灣出售武器的政策，他向臺灣出售的武器在性能和數量上將不超過中美建交後近幾年供應的水準，他準備逐步減少他對臺灣的武器出售，並經過一段時間導致最後的解決。在作這樣的聲明時，美國承認中國關於徹底解決這一問題的一貫立場。

G.為了使美國售臺武器這個歷史遺留的問題，經過

一段時間最終得到解決，兩國政府將盡一切努力，採取措施，創造條件，以利於徹底解決這個問題。

　　總的來說，中美三個聯合公報對於兩岸關係的核心問題，便是美國承認〝中華人民共和國政府是中國的唯一合法政府，並承認中國的立場，即只有一個中國，臺灣是中國的一部份；並重申無意侵犯中國的主權和領土完整，無意干涉中國的內政，也無意執行兩個中國或一中一臺政策。〞這便是美國長期以來對兩岸關係的態度，唯對臺軍售的分歧至今始終沒有解決。

　　當年(1970年)，美國為自身利益，拉攏大陸以對抗蘇聯，不惜背棄臺灣。1978年與大陸建交後，隨即於 1979 年由美國國會兩院通過，由吉米‧卡特總統（James Earl ＂Jimmy＂ Carter, Jr.，1924年－　）簽署生效的《臺灣關係法》。該法屬於美國的國內法，有關軍事規定如下：

卡特先生；圖文來源：《維基百科》

　　該法第二條第2款第4項：「任何企圖以非和平方式來決定臺灣的前途之舉--包括使用經濟抵制及禁運手段在內，將被視為對西太平洋地區和平及安定的威脅，而為美國所嚴重關切。」

　　該法第二條第2款第5項：「提供防禦性武器給臺灣人民。」

　　該法第二條第2款第6項：「維持美國的能力，以抵抗任何訴諸武力、或使用其他方式高壓手段，而危及臺灣人民安全及社會經濟制度的行動。」

　　該法第三條第1款：「為了推行本法第二條所明訂的政策，美國將使臺灣能夠獲得數量足以使其維持足夠的自衛能力的防衛物資及技術服務。」

　　該法第三條第2款：「美國總統和國會將依據他們對臺灣防衛需要的判斷，遵照法定程序，來決定提供上述防衛物資及服務的種類及數量。對臺灣防衛需要的判斷應包括美國軍事當局向總統及國會提供建議時的檢討報告。」

　　該法第三條第3款：「指示總統如遇臺灣人民的安全或社會經濟制度遭受威脅，因而危及美國利益時，應迅速通知國會。總統和國會將依憲法程序，決定美國應付上述危險所應採取的適當行動。」

　　美國與大陸在對臺軍售談判的態度上，為何會這麼強硬而不肯放棄，此乃美國一貫的政策，製造對立以削弱對方，然後大賣武器賺錢，東、西德是如此，南、北韓也是如此、臺灣與大陸更是如此。美國如果再度放棄

臺灣，兩岸不管是以和平或是以武力方式，馬上就會統一，不只他的太平洋防線崩潰，中國的強大也將超越美國，直接威脅到他世界老大的地位，這是霸權者所不能忍受的。

所以，在對臺軍售上，美國不會輕易就妥協。近年來，中美因貿易關係而緊張，大陸對臺灣的文攻武嚇更加頻繁，美國便趁此強力介入，以嚇阻大陸。甚至在中美三個聯合公報中，聲明美國〝認知(acknowledges)〞非〝承認(recognizes。acknowledges)〞中國的立場，即〝只有一個中國，臺灣是中國的一部份〞，其後表示〝認知〞不代表認可、不代表接受，除了認知以外不代表任何意義。可見，美國現在不承認中華人民共和國對臺灣的主張，亦不承認臺灣是主權的國家。美國現在對兩岸關係的態度，顯然對臺灣有利，但這又可支持多久，哪一天因局勢關係，或對他有利，美國不會再背棄臺灣嗎？前車之鑑，臺灣人不可不慎。

三、國際態度

截至目前為止，世界上共有233個國家和地區，其中共有197個國家（主權國家195個，準主權國家2個：科克群島和紐埃，不含馬爾他騎士團）、36個地區。其中亞洲有48個國家；歐洲有44個國家；非洲有54個國

家；大洋洲有16個國家；北美洲有23個國家；南美洲有12個國家。

截至目前為止，與臺灣有邦交的國家共有14國，包括中美地峽3國（貝里斯、瓜地馬拉、宏都拉斯）、加勒比海地區4國（海地、聖克里斯多福及尼維斯、聖露西亞、聖文森及格瑞那丁）和大洋洲4國（馬紹爾群島、諾魯、帛琉、吐瓦魯），以及南美洲1國（巴拉圭）、非洲1國（史瓦帝尼）、歐洲1國（梵蒂岡）。

與臺灣有邦交的國家，自然支持臺灣。其餘雖支持大陸，但也有相當多數是以美國馬首是瞻，完全看美國的臉色，因此才會有美國拉攏大陸，取代臺灣在聯合國地位，造成〈聯合國大會第2758號決議〉多數國的陣前倒戈，將臺灣從聯合國安全理事會的常任理事國驅逐出去。僅有德、英、法等少數國家有自己的主張。不過，他們目前對兩岸關係的態度，與美國一致。可見，國際間對兩岸關係的態度，主要還是在美國的態度。

綜上所說，現在已不可能以中華民國名義加入聯合國，若改變國號並依聯合國憲章申請加入聯合國，也必然遭到大陸的阻擋，勢必無法通過。當今能左右兩岸關係的還是美國，偏偏美國是一個會為自身利益而背棄臺灣的國家。目前，美國雖聯合多國為臺灣發聲，並鞏固臺海安全，尤其軍售臺灣，以期能與大陸抗衡。美國之

所以如此，還是在於自身的利益，既能賣武器賺錢，又可保障太平洋防線，抑制中國強大，繼續保有世界老大的地位。

　　然而，臺灣最擔心的還是哪一天因局勢關係，或對他有利，美國不會再背棄臺灣嗎？奈何！面對想要併吞臺灣的大陸威脅，臺灣除美國可依靠外，還有誰呢？不管誰當臺灣領導人，都必須面對如此的困境。除非，兩岸能找到雙方都能接受的辦法，目前還是苦無對策，這就是臺灣的無奈！

陸、大陸對臺灣之戰略

一、武力統一
二、形式統一
三、和平統一

　　大陸對臺灣之戰略，可訴諸兩種方式，一為武力統一，二為和平統一。前者速度快，然代價高，又有不確定性，是一種冒險的行為；後者速度慢，然代價低，沒有不確定性，是一種不冒險的行為，但最需要的是耐心。茲說明如下：

一、武力統一

　　《論語·子路》子路曰：「衛君待子而為政，子將奚先？」子曰：「必也正名乎！」子路曰：「有是哉？子之迂也！奚其正？」子曰：「野哉由也！君子於其所不知，蓋闕如也。名不正，則言不順；言不順，則事不成；事不成，則禮樂不興；禮樂不興，則刑罰不中；刑罰不中，則民無所錯手足。故君子名之必可言也，言之必可行也。君子於其言，無所苟而已矣。」也就是說，出師必有名，才能名正言順。

　　出師無名的戰爭，是土匪的行為；出師有名的戰爭，是君子的行為。當然，這個戰爭必須是別無他法，不得不為。所謂〝土匪行為〞，就是不講道理，缺乏政治遠見，行為放蕩不羈，為所欲為，不願受任何約束，能打就打，不能打就逃，憑拳頭大小，勝者為王敗者為寇，毫無公理正義可言，這樣的行為，對於一個泱泱大國的中國，是不會做的。所以，大陸對臺灣發動戰爭，

必須是：

1.做好準備：

成功永遠給做好準備的人，而這個準備自然是知己知彼，不管是內、外皆是如此。

2.出師有名：

臺灣非聯合國的會員國，海峽兩岸是屬於內政問題，自然不需要受到他國的約束。但中美三個聯合公報，美國再三強調必須〝和平解決〞臺灣問題。除非不能和平解決，大陸對臺灣發動戰爭，才能出師有名，但這似乎很難，因臺灣只要不踏到大陸所開出的紅線--臺灣宣布獨立，大陸即沒有理由攻臺。因此，大陸攻臺的時機點在於：

A.臺灣內亂：

臺灣內亂的機率是非常高的，原因起於臺灣社會是由移民的人口所構成，目前由五大族群所構成臺灣多元的社會。各族群之間還是存著差異性，最容易產生衝突，尤其是政治傾向，遠超越親情，故常有因支持政黨不同，夫妻離婚、兄弟反目等情事發生，每當選舉季節，臺灣內部亂哄哄，紛擾不斷。

　　臺灣政府大砍軍公教退休俸，引起相當大的反彈，尤其是軍人退休的八百壯士之示威遊行，以及當年二二八事件的發生等，皆可做為借鏡。

B.誤闖領域：

　　誤闖領域，包含海、陸、空等皆是。如大陸戰機繞臺，發生擦槍走火等事件。再如雄風三型反艦飛彈誤射事件，發生於2016年7月1日，臺灣海軍原先規劃在海軍左營基地水星碼頭內，對500噸級金江號巡

飛彈發射地點和飛彈擊
中漁船地點示意圖
圖文來源：《維基百科》

邏艦（ROCS PGG-610）進行年度甲類操演驗收，但在進行系統檢查時，艦上中士由於一時疏忽導致誤發一枚雄風三型反艦飛彈，最後飛彈進入澎湖縣望安鄉東吉嶼的東南方海域，並追蹤貫穿一艘高雄籍漁船駕駛艙，造成船上人員一死三傷，飛彈擊中之處在澎湖群島東側，距離臺灣海峽中線僅有66海里之遠，這

雄風三型反艦飛彈
圖文來源：《維基百科》

也是攻臺的一個時機點，雖然不是很好的理由。當然，這種誤闖領域，臺灣若能及時通知並致歉，或遭攻擊而不還手，大陸也就沒有理由攻臺。可見，大陸若確定要以武力統一中國，就不能與臺灣有任何溝通管道，便有這種機會。

C.臺灣挑釁：

臺灣領導人，不會笨到主動挑釁大陸，其言辭縱讓大陸覺得挑釁，也是回應大陸的言論，此等言論不足以構成出師有名的攻臺。

3.經濟封鎖：

臺灣是一個島嶼的區域，島內物資匱乏，需大量依靠外援，它的戰備物資儲備量，據經濟部預估可以支撐一到三個月的存量，用於發電的天然氣僅10天而已。如果大陸對臺灣實施經濟封鎖，並不能短時間讓臺灣垮臺，自然也就不能讓臺灣屈服，因美國不會坐視不管。依《臺灣關係法》第二條第2款第4項：「任何企圖以非和平方式來決定臺灣的前途之舉--包括使用經濟抵制及禁運手段在內，將被視為對西太平洋地區和平及安定的威脅，而為美國所嚴重關切。」

大陸要對臺灣實施經濟封鎖，唯一可能有效的方

式,即〝破產理論〞。公司之所以會破產,很多時候並不是負債大過於資產,而是一時之間周轉不靈所導致,以致兵敗如山倒,一發不可收拾。根據臺灣海關的統計,2019年兩岸經貿總額約1,906億美元,出口約為1,321億美元,進口則約為585億美元,我方順差736億美元,兩岸經貿總額近兩千億美元,折合新臺幣約六兆。臺灣一年的總預算也才近四兆新臺幣,假如這超過臺灣一年總預算的資源,在短時間內消失,臺灣會怎麼樣?除要面對財源的短缺,又要面臨物資不足,即使臺灣要印鈔票也來不及,美國一時之間也難支援,以臺灣目前政治主張的紛擾,引起內亂的可能性很高。不偷不搶,又不違反《臺灣關係法》,美國也無可奈何!他國也難於指責。

至於這種方式,有沒有可能落實。對於民主國家是不可能,但對於共產國家,尤其是大陸便沒有問題。根據《中國節能服務網》的報導:2014年亞太經合組織(APEC)領導人會議周活動,將於11月5日至11日在北京舉行。

然而,近期京津冀連續不斷的霧霾天氣著實讓人擔心,為保證會議期間的空氣品質,近日京津冀不約而同的採取了多項針對各地情況的強制性減排措施,終讓該會議期間,北京的天空出現藍天白雲。11月份北京是冰天雪地,老百姓需要燃燒大量的煤炭取暖,要老百姓不准取暖挨凍,這在民主國家絕對做不到。

霧霾的北京天空
圖片來源：《Pixabay 網》

藍天的北京天空
圖片來源：《Pixabay 網》

4·面對美國：

　　大陸以武力攻臺，勢必面對美國的阻擋，總的來說，武力統一的唯一障礙，便是美國，臺灣的武力很難

抗衡。俄烏戰爭，美國只是提供武器，不願派兵捲入戰爭；但臺海戰爭，美國為前述自身的利益，不僅提供武器，還會派兵協助臺灣，只要不在美國境內打，這是美國可以容忍的底線，除非戰線會延伸至美國境內，就另當別論。俄烏戰爭，美國及北約諸國對俄羅斯強硬的態度，不僅實施經濟制裁，還不斷的提供武器給烏克蘭，就是沒人願意派兵協助，自然是利害關係的考量，不願捲入戰爭。〝國與國之間只有強弱之分，是沒有公理正義。〞任何國家，任何領導者，不會做出有損自身及國家的利益，這就是〝真理〞，千萬年不變的人性。縱個人願意為國為正義而犧牲，為公益而散盡家財，那也是個人的價值觀認為值得，而所謂〝值得〞便是利益關係。

誠如新現實主義繼承霍布斯的戰爭論觀點，認為：「國家為本國的利益，很難在國家間建立一種有秩序的、公正的、追求共同利益的國際格局。國家是人創造的，它就具有人的特徵，人與人之間有能力強弱之分，國與國之間也有力量大小之分。由於國家力量大小的不同，國家要生存就必需強盛，但不是所有的國家都強盛，所以就需要一個超級強國，一個在力量上和道義上都很強的國家來維持國際秩序，這也就是新現實主義所強調的霸權穩定論(The Theory of Hegemonic Stability)。新現實主義者認為霸權帶來世界政治經濟的穩定，霸權喪失或輪替將導致世界政經的不穩定，霸權穩定論也是

現今美國對外政策的重要理論指導。」[1]

俄羅斯擁有6,500枚核彈,是世界核武最多的國家,他把1,600枚核導彈對準美國及北約諸國,普丁一句「沒有了俄羅斯,還要世界幹嘛!」嚇壞了諸國,馬上收斂許多。世界也許沒有人敢這麼做,但普丁敢,這就是君子與瘋子之別。烏俄戰爭如果普丁打贏,對烏克蘭而言固然不堪,但對世界而言也僅止於區域性烏克

普丁先生:圖片來源:《維基百科》

蘭的不堪。如果普丁打輸,普丁如何面對國內的人民,國內的政敵,尤其是國際法庭的審判,不是下臺就可以了事,可能生命都不保。人性普遍而言沒有那麼偉大,可以犧牲自己來保全別人,更何況是一個瘋子。面對如此的窘境,普丁會怎麼做可想而知,毀滅性的第三次世界大戰,隨時都有可能發生。而這始作俑者便是美國,如果當初拜登不要慫恿澤倫斯基加入北約,以防堵俄羅斯的發展,並以區域戰爭來拖垮俄羅斯的軍事與經濟為其目的,也就不會有今日的局面。如今,美國又故技重

---

[1] 見《中央網路報·沒有霸權的朝鮮半島危機》,https://tw.news.yahoo.com/%E6%9C%AC%E5%A0%B1%E7%89%B9%E7%A8%BF-%E6%B2%92%E6%9C%89%E9%9C%B8%E6%AC%8A%E7%9A%84%E6%9C%9D%E9%AE%AE%E5%8D%8A%E5%B3%B6%E5%8D%B1%E6%A9%9F-014808719.html,2022.05.01上網。

施，把臺灣納入印太戰略中，目的也是用臺灣來牽制，以防堵中國的發展。

可見，移除美國這顆絆腳石，大陸武力統一即可實現。如何移除，便是問題所在：

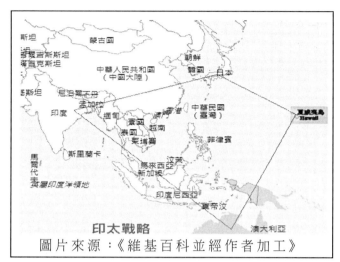

印太戰略
圖片來源：《維基百科並經作者加工》

A.武力移除：

美國參與臺海戰爭，主要以海軍為主，根據2020年12月，美國國防部向國會提交報告《中國海軍現代化：對美國海軍能力的影響》。報告中點明，中共領導人對海軍的最終規模和組成缺乏清晰認識；美中海軍之間的組成差異很大，美國海軍擁有更多的航空母艦、核動力潛艇、巡洋艦和驅

美國第七艦隊核心隆納·雷根號航空母艦；圖片來源：《維基百科》

逐艦，中共海軍更多的是柴油攻擊潛艇、護衛艦。

報告評估中共海軍的弱點，包括欠缺聯合作戰協調能力、反潛能力、海上遠程補給能力，大量新人需要

中國遼寧號航空母艦
圖片來源：《維基百科》

適應新船、缺乏作戰經驗等；中共海軍還可能缺乏有效的作戰原則和戰術，訓練水平恐打折扣；中共的投射能力得到了改善，但影響和贏得戰鬥的能力有限。

報導還稱，中共海軍的作戰能力越來越多依賴艦載電子設備和軟件，還包括傳感器、武器、指揮自動化系統、網絡能力、隱身特徵、破壞控制特徵、巡航距離、最大速度以及可靠性和可維護性等眾多因素。

報告認為，中共海軍的綜合能力尚無法趕上美國海軍，在接下來的五到十五年中，假如雙方保持目前的發展軌跡，美國的主導地位可能逐漸消退；美國仍能在幾乎任何地區占上風，但可能會遭受從未有過的損失。在某些區域性突發事件中，中共軍隊或許能夠實現有限的

目標，但不會擊敗美軍。[2]

　　可見，雙方武力差距至少20年，大陸才有可能超越美國。目前貿然行事是為不智，成功率微乎其微，還要評估國力是否撐得住，尤其內部的鬥爭等因素的考量，故以武力移除短時間內是不可行，也許要再等20年。

B.嚇阻移除：

　　大陸領導人要有當瘋子的準備，聯合俄羅斯普丁把擁有幾千枚的核導彈，對準美國本土，來個魚死網破，玉石具焚的嚇阻作用，美國也許不敢參戰。但要防止美國的暗殺行動，或鼓動內部政變的可能。這是美國的一貫作為，根據《CUP・以國家之名殺人：美國的政治暗殺史》報導[3]：「1961年1月初，甘迺迪總統在演說時向4萬名觀眾展示古巴

甘迺迪先生
圖片來源：《維基百科》

突擊旅旗幟。在豬灣事件中，中情局正招募了一批古巴流亡者，組成2506突擊旅在政變中保護臨時機場。同時，

---

[2] 見周田：《大紀元・中美軍力對比差距到底多大》，https://www.epochtimes.com/b5/21/6/11/n13016556.htm，2022.05.01上網。
[3] https://www.cup.com.hk/2020/01/16/murder-inc/，2022.05.01上網。

美國亦不曾停下對卡斯特羅的刺殺計劃。」

「1963年4月，中央情報局的古巴專隊改由Desmond FitzGerald 領導，他又重提以暗殺或政變推翻卡斯特羅政權，後來更成功拉攏到古巴革命軍高層 Rolando Cubela 作為內應。同年9月，卡斯特羅警告美國停止一切針對他的暗殺行動，否則定必報復。……卡斯特羅據稱一生避過了638次暗殺，由艾森豪威爾到克林頓年代，而且古巴至今依然由共產黨掌權。」

卡斯特羅先生
圖片來源：《維基百科》

「今年(2020)1月3日，伊斯蘭革命衛隊和聖城軍指揮官蘇萊馬尼（Qasem Soleimani）到訪伊拉克，準備會見伊拉克總理阿卜杜勒·邁赫迪，美國政府看準時機派無人機空襲巴格達國際機場，擊殺蘇萊馬尼。」

也可以談笑用兵，先向世界及臺灣人民宣告：

蘇萊馬尼先生
圖片來源：《維基百科》

致世界及臺灣同胞們：

　　中國向來遵守中美建交三大聯合公報的聲明，也遵守聯合國憲章的規定，堅守〝一個中國原則〞，並尋求兩岸和平統一的可能。對於臺獨主張者，我們給於最大的容忍與尊重，但無法容忍於他們付諸行動。近年來，由於我們的克制，被臺獨主張者當成軟弱，而越加猖狂。雖然我們再三地呼籲，也再三地警告，然而臺獨主張者認為有美國在，我們不敢，又或許沒有能力，依舊我行我素，往臺灣獨立的方向前進，我們實在非常的擔心，這種惡性互動的循環，最終會導致兩岸真的兵戎相見，這是我們最不願意見到的事。

　　為讓臺獨主張者深信，我們是有能力的，在和平絕望時我們會動武的，也可以測試一下美國到底有沒有能力保護臺灣。因此，我們在此宣布，給美國及臺灣一個月的準備，屆時我們的導彈不攜帶任何彈頭，會瞄準臺灣的總統府，摧毀本不該留的帝國主義殖民臺灣同胞的象徵。在發射的那一天，請總統府員工及臺灣同胞，務必遠離，因而造成的損失由我們負責，總統府的重建也由我們負責。力量的強弱，是要經過測試才足以證明，誰強誰弱一目了然，雙方才能有所節制，盲目的推測容易造成誤判，目前中臺美三方即是處於這種狀態。如果美國及臺灣能攔截到我們的導彈，以後我們自然會更加節制，如果攔截不到美國及臺灣也會節制一點，尤其是

臺獨主張者更不敢囂張，臺灣同胞也能體悟，分裂國土對中國而言，是非常嚴肅的問題，這也許是避免兩岸開戰的一種方法。親愛的臺灣同胞們，我們絕對無意侵犯你們，但也請你們將心比心，如果立場對換，你們又會怎麼做呢？釣魚臺事件，臺灣當局明知對日本一點辦法也沒有，但又為何要一而再，再而三地宣示主權，因為沒有人願意當分裂國土的歷史罪人。至於，為什麼中國會有今日的窘境，還不是因為當年美國背叛〝中華民國〞與我們建交，並支持〝一個中國原則〞，中華人民共和國是中國唯一的合法政權所致。照理說，臺灣同胞應該更恨美國才對，如今卻把仇人當恩人，任由美國人擺布，這是我們所不能理解的地方。還望你們三思！

中國領導人　習近平

　　這便是《孫子兵法‧謀攻篇》所說的：「凡用兵之法，全國為上，破國次之；全軍為上，破軍次之；全旅為上，破旅次之；全卒為上，破卒次之；全伍為上，破伍次之。是故百戰百勝，非善之善者也；**不戰而屈人之兵，善之善者也。**」

孫子：圖片來源：《維基百科》

C.利益移除：如前所述，美國不管誰來當領導人，皆以
自身利益為前提。中共做足美國面子，給足美國利益，
尤其是超過〝失去臺灣〞的代價，讓美國會動心，但這
可能性不高。或支持、或收買、或扶植政客，當上美國
總統，也有可能讓美國不插手臺海戰爭。其中，以支持
前總統唐納・約翰・川普，競選下一任美國總統，並以
不插手臺海戰爭為條件，如果他當選的可能性最高。因
川普是生意人，所謂生意人無祖國，一切以個人利益為
優先，更何況，他輸給小約瑟夫・羅賓內特・拜登的總
統大選，讓他非常不服氣，以他的性格及財力，有可能
捲土重來，再度披上戰袍。

D.煽動移除：

　　中共煽動共產國家如北韓，尤其是目前的俄烏戰
爭，普丁恨死美國，與之對抗，力道要大到讓美國急著
找強大的夥伴，以抗衡俄羅斯，當年〈聯合國大會第2758
號決議〉事件，就有可能再度發生。

E.消耗移除：

　　美國既用烏克蘭來消耗俄羅斯的經濟與戰力，亦想
用臺灣來消耗中國的經濟與戰力，中國也可以其人之
道，還治其人之身，煽動幾個美國會介入的區域性戰爭，
用以拖垮美國經濟，尤其這波世界性的通膨，以及俄烏
戰爭，已讓美國感到吃力，是一個千載難逢的時機點。
美國是一個民主國家，只要人民生活困難，進而對政府
示威抗議，讓美國無暇也無能力再介入台海。

F.快速佔領：

2021/03/20《中時新聞網‧大陸若武統臺灣可以撐多久？媒體人曝6字答案》李俊毅報導說[4]：「一旦兩岸有戰事，〝國軍能撐多久？〞……。對此，資深媒體人王豐表示，歷任國防部長都被問過這個問題，部長們給的答案從〝一周到一個月〞都有……。國民黨立委廖婉汝17日質詢時提到，美軍印太司令戴維森（Philips Davidson）說，中共6年內恐攻臺，且指美軍若馳援第一島鏈需要17天，外界評估我有防守7天的能力。」

可見，美國支援臺海戰爭，需要17天的時間，而臺灣的防守能力以平均值來算，大概也就是14天。如果，大陸能在10日內快速佔領臺灣，讓美國措手不及，以便造成事實。這種操之在我的方式，是目前最有可能的選項，故大陸的軍事演習、戰機擾臺等行為，無非在創造成熟的時機點，一舉攻下臺灣。

據上，大陸訴諸武力以統一中國，雖有多種方式，但有的可行，有的不可行，然不管哪一種方式，皆要冒著國家或領導人垮臺的極大風險，人民身家財產的損失更難以估計，臺灣也是一片廢墟，臺灣的人民更恨死戰爭發動者，睿智的大陸領導人是不會，也不應該做的。

---

[4] https://www.chinatimes.com/realtimenews/20210320003197-260407?chdtv，2022.05.01 上網。

二、形式統一

　　兩岸雖然在短時間內，不可能和平統一，但大陸可先以形式來統一，操之在我的先做，可不必受限於臺灣同不同意，最後自然水到渠成。所謂的〝形式統一〞，意即香港、澳門，以及臺灣的人民，都是中國人，都享有中國國民的待遇，不必再強調〝一國兩制〞，因美國各州都有自己的法律，自己的社會制度，以免臺灣人敏感。但要有以下的作法：

1·以身分證進出大陸：

　　讓臺灣人，以臺灣身分證，即可自由進出大陸。臺灣人既是中國的國民，在中國境內，自然以身分證就可通行。

2·自由置產：

　　讓臺灣人，可自由在大陸置產，與大陸人一樣的手續，一樣的條件，甚至在貸款上特別優惠，以吸引臺灣人來大陸置產。

3·交流天地：

　　讓臺灣人，大量到大陸交流，盡量給予方便，尤其

是年輕人。可指定多所初中、高中、大學等知名學校，定期舉辦夏令營、冬令營等，尤其是冬令營。因臺灣很難見到冰天雪地的美景，由老師帶隊參加，並避免意識形態的灌輸，以設計遊戲的方式，讓兩岸學生共同參與。目的，在於拉近距離，並把臺灣當局故意遺落的中國歷史等知識補齊。因一個國家滅亡，還有復興的一天，而其文化滅亡，則萬劫不復。臺灣在日據時期，日本為何要對臺灣人實施〝皇民化〞，不就是基於這個原因嗎？

4·就學就業：

對臺灣人，全面開放就學和就業市場。在就學方面：同步對大陸內地、港澳臺地區公布考試種類、時間等信息。同時在大陸內地、港澳臺地區設置考區讓學生應考，甚至在錄取分數上，特別優惠，以吸引大量學生來大陸就讀。

在就業方面：除開放國營事業與私人企業，讓臺灣人自由就業外，也應開放政府機關，甚至中央機關，尤其是領導幹部等，讓臺灣人有就業機會，真正享有國民的待遇，以吸引大量臺灣人來大陸就業，並貢獻其所長。至於創業，在適當的各地區，可以成立年輕人創業基地，讓臺灣人，或與大陸人一起創業，並運用扶植經費及行政資源，協助他們成功。一則讓兩岸年輕人更深入交流，

二者可培養革命情感，讓臺灣人真正融入大陸社會的生活。

5·兩岸通婚：

鼓勵兩岸人民通婚，不管大陸嫁到臺灣，或臺灣嫁到大陸，盡可能簡便，以擴充人數，增進臺灣人對大陸的認同。

6·落葉歸根：

鼓勵臺灣人，落葉歸根，回到大陸祖籍定居，並給予適當補助修繕祖厝，或購買居住房。金門政府補助修繕閩南式古厝，很多本已移民到他國的僑民，紛紛回到金門祖籍修繕古厝，也有住在臺灣的人，爭先恐後到金門購買閩南式古厝，一時之間飆漲翻倍，也讓金門地區保全閩南式建築最完整的地方。臺灣也有很多人在金門設籍，因金門福利全國最好，坐公車免費，每年三節都有免費配給高粱酒等，金門案例大陸可做參考。

7·正簡併用：

開放正體字，讓它與簡體字併用。臺灣用正體字，也有人稱繁體字，但這兩者的意義不同，繁體字只是相對於簡體字的稱呼，而正體字則代表著中國文化正統的

傳承。

　　民國成立後，由於民間文盲眾多，國民政府為了普及識字率，於1935年8月正式公布〝第一批簡體字表〞，後因政治問題而沒有推行。大陸建國後，也基於同一理由，落實了國民政府該做的事而沒做，制訂出《簡化漢字總表》，共收2,274個簡化字使用至今。

　　如上所述，正體字與簡體字，乃是官方和民間，雅俗分流傳承下來，皆是中國文化的傳統，二者分工使用，相互補充。現在，大陸的人民已不存在文盲問題，理應回歸與臺灣一樣正簡併用，雅俗共賞，並繼承中國文化的傳統。

8·儒家教育：儒家思想，以〝忠君愛國〞為核心教育，是中國傳統思想的主流。一般皆認為，〝法家〞能救一時之弊，〝儒家〞則能長治久安。同理，卡爾·馬克思（Karl Marx；1818～1883年）思想能有助於奪權，卻不利於長治久安，蘇聯解體便是明證。馬克斯的思想教育，在於教導人民如何反抗、如何鬥爭，以取得自身的權利，這對執政者希望社會平靜，是背道而馳，對執政者而

卡爾·馬克思；圖片來源：《維基百科》

言相當不利。反觀儒家思想教育，在於教導人民如何忠君愛國、如何四維八德，以修身養性，謙卑恭讓，這對執政者希望社會平靜，是相輔相成，對執政者而言相當有利。

　　以儒教為國教，以安定民心，又不違反大陸無神論。因至聖先師孔子，確有其人，也確有其偉大。宗教能給予生活價值、目標與其意義，賦予受苦及死亡意義，使人類接受死亡的事實，以減少憂慮。因此，宗教的功能，在於給予人類心靈的安慰，減低人類對現實的不滿。而宗教的意義，在於自我的認知與價值的賦予，共同信仰者，能從中獲得歸屬感，並認同他們的宗教團體，這對於執政者而言，

孔子聖蹟圖
圖片來源：《維基百科》

也是相當有利。大陸若實施儒家教育，一則與臺灣教育一致，讓兩岸人民在思想上沒有差距；二則有助於社會和諧，進而長治久安。

三、和平統一

孟子說：「人之所以異於禽獸者，幾希？」只差於人有理性，懂得做人道理的德性而已。和平統一是兩岸人民多數人的願望，也是世界的期待，更符合中美三個聯合公報的宗旨，美國雖不願意看到中國統一，成為世界強國，但若時勢所趨，又奈何！

大陸領導人，毛澤東主席以戰爭方式建立中華人民共和國；習近平主席以和平方式，統一中國，其功業更勝於毛主席，將是一件

習近平先生：圖片來源：《維基百科》

毛澤東先生：圖片來源：《維基百科》

千秋萬世的偉大功業，其名萬古流芳。誠如，毛主席之〈沁園春·雪〉所說，〝還看今朝！〞

北國風光，千里冰封，萬里雪飄。
望長城內外，惟餘莽莽；
大河上下，頓失滔滔。
山舞銀蛇，原馳蠟象，欲與天公試比高。
須晴日，看紅裝素裹，分外妖嬈。

江山如此多嬌，引無數英雄競折腰。
惜秦皇漢武，略輸文采；
唐宗宋祖，稍遜風騷。
一代天驕，成吉思汗，只識彎弓射大雕。
俱往矣，數風流人物，還看今朝。

孟子說：「惟仁者為能以大事小，是故湯事葛，文王事昆夷。惟智者為能以小事大，故大王事燻鬻，勾踐事吳。以大事小者，樂天者也；以小事大者，畏天者也。樂天者，保天下；畏天者，保其國。」更何況，一個壯漢對一個瘦弱的人致歉！旁人會認為這個壯漢怯弱嗎？這就是一個泱泱大國所應有的風度。

個人比起家族，個人就顯得微不足道；家族比起社會，家族也顯得微不足道；社會比起國家，社會亦顯得微不足道；尤其當個人比起國家，那就更是微乎其微了。中國統一是件豐功偉業的大事，沒有什麼比這個更重要，儘管個人要受盡委屈，也值得。所以，統一大業必須要有耐心才能完成，並循著以下的做法：

1. 知己知彼：

《孫子兵法·謀攻篇》有云：「知己知彼，百戰不殆。」因此，對臺灣人及臺灣社會的認知，不能以共產觀點視之。茲以臺灣人的性格、臺灣民主社會，以及民主社會風範等說起：

A.臺灣人的性格：

臺灣人與大陸人雖同為漢人，大致有著魯迅筆下〝阿Q〞的國民性，然因生長環境的不同，也產生了轉變，當年這些社會低階樸實善良的農民，為了生活而長途跋涉、飄洋過海，遷徙來臺開墾，長期以來的辛苦，遂養成〝堅忍不拔〞的性格。

由於不同的族群[5]，在同一塊土地討生活，利益衝突在所難免，因此為了生存，常有族群械鬥[6]的事發生。根據臺灣分類械鬥統計：大致可分為漳泉械鬥、閩粵械鬥、縣里械鬥、異姓械鬥、同姓宗族械鬥、頂下郊拼、職業團體械鬥等，大部份的械鬥皆是文化差異及資源爭奪所引起。漢人大規模遷徙臺灣四次中的第三次，即乾嘉年間(1736～1820年)，有文獻紀載的大小械鬥，就有42次之多，由此養成〝民風強悍〞。其中，大規模如[7]：

1751年閩粵械鬥（李光顯案）：首次大規模械鬥，遠因乃朱一貴的部眾以閩籍漳、泉二府為主。而杜君英

---

[5] 臺灣在開發初期泉、漳、客和原住民也都呈現雜居狀態，經過長期械鬥之後，各族群發生大遷徙，同族群聚居一處，才出現比較明顯各分畛域的現象。

[6] 之所以稱〝械鬥〞，乃指這類型衝突動用的武器，通常是致人於死的刀械。雖然在法治約束下，縱火燒產，破壞屋垣情形比殺人情事更為常見，但是一場中大型械鬥下來，傷亡嚴重可說難以避免。而不論是財產或生命的損失，對於當時社會都造成無法估計的戕害。

[7] 見《維基百科・臺灣分類械鬥條》，https://zh.m.wikipedia.org/zh-tw/%E5%8F%B0%E7%81%A3%E5%88%86%E9%A1%9E%E6%A2%B0%E9%AC%A5，2022.05.01 上網。

集團成員的組成則包括了閩籍漳、泉墾民和粵籍使用潮州話的潮州潮陽、揭陽、海陽一地墾民與客籍傭工。整個起事集團後分裂為使用泉漳片的閩籍墾民和使用潮汕片的粵籍墾民二股勢力而形成閩、粵對立。在朱一貴、杜君英相爭之際，下淡水溪即有十三大莊、六十四小莊，包含了閩籍汀州府和粵籍鎮平、平遠、程鄉三縣未附眾起事的客籍墾民，因懼遭戰火波及，遂集結以自保。

1782年8月～11月彰化嘉義漳泉械鬥（謝笑案）：參與方：南屯、草屯、大里、竹山等地之漳人；鹿港、番仔港等地的泉人；波及地區：笨港、鹽水港、十八重溪、大崎頂等地。事件延續3個多月，最後由福建水師提督黃仕簡來臺灣鎮壓才結束。官方報告：斬首者290餘人，流放者320餘人。

1806年後龍鎮漳泉械鬥：泉籍輸，死400餘人。在道光年間，也有埔鹽泉人與中竹韶安籍黃姓械鬥，埔鹽鄉大廉村十三戶客家人被滅等。

從西班牙、荷蘭，以至日本的統治，臺灣人長期以來都是過著殖民的生活，甚至1949年國民政府退守臺灣，因受二二八事件的影響，有相當人數亦認為那是外來的政權，所以有了吳濁流《亞細亞的孤兒》的悲愴，以致養成自卑又自大、逆來順受的性格。

總的來說，臺灣人的國民性：樸實善良、堅忍強悍、

自卑自大，以及逆來順受。其中，樸實善良帶給臺灣人感性而懂得〝感恩〞，也就是「受人點滴之恩，當湧泉以報。」而不太在意是非；堅忍強悍與自卑自大成了臺灣人〝死鴨子嘴硬〞的特徵，也就是非理性的「魚死網破，玉石俱焚。」如果惹火他，他便不惜跟你拚死到底，來個玉石俱焚，也在所不惜。所以說，自卑的人會導致自大且自尊心特別強；而誰最勇敢，不要命的人最勇敢。也就是說，〝懂得感恩、逆來順受，以及死鴨子嘴硬〞，便是臺灣人的性格。

B.臺灣民主社會：

共產社會與民主社會之間最大的不同，在於前者以領導人意志為依歸；後者以人民意志為依歸，各有優缺點。共產社會的優點，在於凡事取決於一人，無須他人同意，故只要是領導人想做的事，便能落實且快速的達成。歐美須用一個世紀以上的時間才能完成的事，大陸只用了30年便達成。

目前中共的軍事力量，根據國際防務網站《全球火力》公布，位居世界第三；它的財務力量，根據《中國國家外匯管理局》公布，截至2022年5月，外匯儲備總額為31277.80億美元是世界第一；它的經濟力量，根據《全球競爭力報告(世界經濟論壇出版)》公布，2019年GDP總量美國為20,937萬億美元；中國則為14,723萬億美元，經濟體位居世界第二，英國《經濟與商務研究中

心（CEBR）》的報告預測說，中國GDP在2028年將達到33.57萬億美元，超過美國的32.27萬億美元，躍居世界第一。全世界也只有大陸做得到。但它的缺點是沒有制衡的力量，萬一領導人走偏，國家、人民必受到很大的衝擊。

而民主社會的優點，在於人民的意志主導政府，個人無法胡作非為。它的缺點則是，政府須依人民的意志做事，而多數的人民常因利益、立場、情感等的不同，很難達成共識，以致紛紛擾擾，吵吵鬧鬧永無寧日，造成很多政事無法推動、延宕等情事發生。

C.民主社會風範：

民主社會最大的特色，就在於由人民當家作主，由人民來選擇決定。當年(1951年)，第二次世界大戰日本戰敗，與同盟國簽訂《舊金山和約》第三條規定：「日本政府同意美國對北緯29度以南之西南群島（含琉球群島與大東群島）、孀婦岩南方之南方各島（含小笠原群島、西之與火山群島），

琉球群島位置示意圖
圖片來源：《維基百科》

和沖之鳥島以及南鳥島等地送交聯合國之託管統治制度提議。在此提案獲得通過之前，美國對上述地區、所屬居民與所屬海域得擁有實施行政、立法、司法之權利。」1952年起美國依琉球群島人民的意願，雖也有主張獨立，但大部份的人民選擇歸屬日本，美國便分階段交還日本，目前分屬鹿兒島縣與沖繩縣所管轄。

2014年，蘇格蘭政府舉行一場獨立公民投票，目的是讓蘇格蘭人民選擇決定，是否脫離大不列顛及北愛爾蘭聯合王國（英國）而獨立。滿16歲的蘇格蘭居民都可以投票，參與人數超過400萬人，結果為55%反對獨立、45%支持獨立，據此結果，蘇格蘭留在聯合王國內。

英國版圖
圖片來源：《維基百科》

儘管臺灣民進黨的黨綱，開宗明義的宣示要建立〝主權獨立自主的臺灣共和國〞，但最終還是要回歸民

主社會原則。基本綱領第一條第3款規定：「基於國民主權原理，建立主權獨立自主的臺灣共和國及制定新憲法的主張，應交由臺灣全體住民以公民投票方式選擇決定。」意即，臺灣獨不獨立還是要由人民來決定，不是哪一個政黨說了算。

臺灣社會對於臺灣未來的前途，有四種主張：兩岸統一、臺灣獨立、成為美國第51州[8]，以及維持現狀。其中，贊成維持現狀者始終超過50%，臺灣獨立依民調顯示，雖近30%，但這並不是實際的狀況，而是臺灣人基於大陸文攻武嚇等的反感，非理性所反映的數字，只要大陸不再激怒臺灣人的情緒，過一段時間這個數字將會大幅下滑。臺灣獨立的數字與大陸對臺灣的好壞是連動的，這也證明臺灣人有非理性〝故意〞的一面。

大陸人研究臺灣，總喜歡站在遠方看，在一群人當中，僅有少數人在高喊著〝臺灣獨立〞，他們就會認為那一群人都是臺獨分子。何不走入臺灣社會，走入人群深入了解，將會發現沉默或沒意見的臺灣人居多數。

總的來說，不管哪一種主張，最後的決定權還是人

8　成為美國第 51 州為臺灣建州運動發起人周威霖為首的政治團體主張，該派認為：第二次世界大戰發生時，臺灣為大日本帝國領土；1945 年日本投降以後，臺灣（屬太平洋戰區）被美軍劃分給同盟國中緬印戰區統帥蔣介石執行軍事占領，《舊金山和約》稱日本政府僅聲明放棄臺灣之主權，臺灣主權不屬於中華民國，故臺灣屬美國未合併領土之一，應向美國申請加入成為第 51 州。

民，此乃民主社會的風範。大陸想要與臺灣和平統一，首要認清臺灣人的性格，以及民主社會是以〝人民〞為中心的運作。

2·真心相待：

大陸要真心把臺灣人當做一家人，假的東西真不了，真的東西也假不了，總有一天真相會大白。真心對待，不要做出傷害臺灣人情感的事。因為：

A.避免被人操控：

臺灣人善良懂得感恩，即重感情重情義，本是件好事，卻很容易被有心人操控。當年(1989年)，臺南人周清玉到彰化競選縣長，以受害者家屬為其夫姚嘉文因美麗島事件被捕為訴求，竟然以最高票當選。選縣長主要是提政見，來獲得選民的認同，不就是要選一個有能力且經驗豐富的人，來治理縣政嗎？2013年，洪仲丘服兵役因遭軍中不當對待而致死，他姐姐洪慈庸，以這個事件為訴求，而成為第9屆立法委員。立法委員所審議的法案，牽涉到全民福祉，何其專業；2016年，小燈泡因無故冤死事件，她媽媽王婉諭，以這個事件為訴求，而成為第10屆立法委員。這都說明臺灣人是非常感性，非理性的感性，自然遠超越客觀理性的判斷。所以，大陸應該要在意的是〝人民〞，大可不必去理會臺灣領導人

說了什麼、承認了什麼，尤其是臺灣獨立的主張者，不必做出情緒上的反擊，讓有心人容易訴諸情感加以操控的空間。

B.不做傷感情事：

臺灣人雖重感情，卻也很脆弱，你為他做100件事，只要有一件對不起他，他就永遠記得這件事。馬英九時期，大陸辛辛苦苦與臺灣建立起來的榮景，如今已不復存。為什麼？

a.農漁產品：

銷往大陸農、漁等產品，突然中斷、退回或銷毀，不管什麼理由，都是傷感情的事，尤其受害者是一群純樸善良的老農漁民，它是會擴及到社會各層面的，有心人很容易操控。

b.致命疫情：

臺灣人看重生

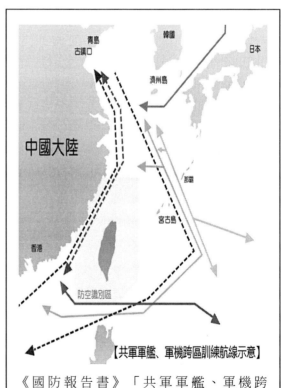

《國防報告書》「共軍軍艦、軍機跨區訓練航線示意」圖，圖中淡灰色區域為中華民國防空識別區。
圖片來源：《維基百科》

命，也尊重生命，認為生命是無價，不能因政治而罔顧生命。2003年爆發的SARS與2019年新冠肺炎疫情的爆發，皆造成臺灣死傷慘重，因非世界衛生組織(WHO)的成員，加上大陸百般阻饒，以致求助無門，臺灣人對大陸會有好感嗎？

c.文攻武嚇：

臺灣人吃軟不吃硬，要讓臺灣人屈服，除非有絕對的力量，能一下子就打趴，否則只會越挫越勇，更會激起死鴨子嘴硬的性格。儘管大陸再怎麼文攻武嚇，戰機擾臺，有美國在，臺灣人就會認為大陸不敢攻臺。大陸礙於美國，確實也不敢輕舉妄動，除傷感情外，並沒有任何實質好處，不如就此罷手，兩岸和平相處。

d.平等對待：

不管是藍營、白營或綠營等，都是臺灣人，應要平等對待。綠營的人講一句大陸的好話，遠勝過其他10人講好話，尤其是親中人士，為大陸發聲，常被操控成中共同路人。其中，有些人的形象在臺灣人的眼中並不好，大陸卻喜孜孜地讓他們為大陸講話，臺灣人會有好感嗎？

臺灣分別由白、綠、藍三個政黨執政，大陸獨對藍營執政的縣市，購買農產品，這對於整個臺灣人會有好感嗎？大陸需要的是全體臺灣人的支持，不是只有藍營

的人。

　　不管藍綠，不管政治主張等，只要不違反大陸規定，皆歡迎參訪大陸，不對特定人士設限，一律平等對待。應該讓更多的臺灣人能深入了解大陸的真實民情，與其聽人家說，何不讓他們親自去體會真相。

　　總的來說，臺灣人對大陸的反感，並不是對大陸人的反感，而是對共產黨文攻武嚇等的反感，尤其是年輕一代。所以，不對臺灣人做傷感的事，以免讓有心人有機可乘，是大陸今後的重要課題。

3.解決困境：

　　臺灣人的困境有三：農漁產品、國際空間，以及境外商旅等問題。茲說明如下：

A.農漁產品：

　　農、漁產品是看天吃飯的行業，產量深受氣候的影響。風調雨順時大豐收，以致滯銷，價格大跌；風不調雨不順時大欠收，家庭收入自然減少，不管哪一種現象，農漁民都陷入困境。尤其是農民常會因某產品價格好而一窩蜂搶種，導致產量過多而價格大跌，血本無歸。如：

　　根據《聯合報》2022/01/27記者魯永明的報導：「雲嘉地區冬季大宗蔬菜高麗菜、結球白菜，年年盛產過剩，往年農委會辦理登記耕鋤補貼，今年不再補貼，農糧署

去年年底發布高麗菜超種紫爆警示，最近天氣暖和，高麗菜、大白菜生長快速，盛產價跌，嘉義縣水上鄉、朴子市部份菜農開放菜園自採，每顆只要銅板價10元，減少損失。」其中，一顆兩公斤重，約三臺斤的高麗菜價格，合理應該是35到50元。

根據《中廣新聞網》2022/02/23記者李河錫的報導：「一波波冷氣團、寒流來襲，帶來豐沛雨量，使得中南部蔬菜產區已出現〝雨害加寒害〞雙重災情，造成產地葉菜在元宵節後產量銳減3成，帶動價格異常漲了近一倍；彰化溪湖果菜市場表示，如雨持續下，菜價還有大漲空間。」

臺灣是一個民主社會，是一個以市場為導向的〝自由市場經濟〞[9]。政府本不應該介入市場，但執政黨基於選舉的需要，必須討好農民，於是介入了補貼，造成農民無視於政府發布超種紫爆警示，然當政府不補貼時，這些可憐的老農民就血本無歸。政府既要介入農產品市場，就應該實施計畫經濟，依人民日常所需去規劃生產種類和數量，並保障收購價格，讓老農民生活安定，但政府似乎無意違反自由市場經濟的原則。如果大陸能協助臺灣農、漁產品，固定輸往大陸的種類、數量，以及價格穩定等，這些老農漁民勢必會感謝大陸，進而擴散

---

[9] 自由市場是經濟學術語，指金錢、貨物的流動完全是根據市場自然的狀況而進行的，政府不介入控制；自由市場經濟就是以市場主導作為經濟體系運作的原則。

到整個社會。

B.國際空間：

大陸為堵死臺灣的國際空間，不惜採取金錢外交，挖走臺灣的邦交國；臺灣為鞏固邦交國，也不惜動用大量的金錢外交。結果，便宜了他國，兩岸當冤大頭，尤其有些國家，利用兩岸的矛盾，予取予求。在不違反一個中國原則，應盡量給臺灣的國際空間，尤其是如傳染性疫情，牽涉到生命安全的問題，更不能因政治主張不同而罔顧人命，第一時間撇開任何爭議，無條件展開救援。這是道義的表現，更是家人親情的溫馨。

C.境外商旅：

根據臺灣交通部觀光局的統計，2018年國人出外旅遊的人數為16,644,684人次。上千萬以上的國人在境外行走，難免會遇上困難，尤其是碰上因戰亂，或天災，必須退僑時，更需要得到協助。世界共有233個國家和地區，臺灣僅有14個邦交國，而這些邦交國又不是國人常去的地區。在沒有邦交國的地方，可動用資源特別少，如臺灣人發生困難求助時，大陸應撇開政治，伸出援手，其個人及其家人都會感激大陸的相助。

總的來說，真心對待臺灣，協助臺灣人，替臺灣人解決困境，讓臺灣人感受到大陸對臺灣的善意，才是明智之舉。

4. 門當戶對：

　　兩岸統一，就如兩家結婚，講究的是〝門當戶對〞，這是中國的傳統，也是先人的智慧。古人講門當戶對，即是形容結親的雙方家庭，經濟和社會地位要相當，貧窮與富裕，或庶民與貴族，結婚後能幸福者畢竟少數。現代人講門當戶對，即是形容結親的雙方家庭，尤其是結婚當事人的學經歷、知識觀念，以及經濟地位等，都要門當戶對的相近，才能產生共同話題、共同的思想，才會有臭味相投的默契，為彼此相似的目標並肩同行。

　　臺灣在生活水平、知識水平，以及貧富差距等文明程度，在整體上都相對比大陸來得好。當年大陸人士大量來臺觀光旅遊時，除生意人歡迎外，其餘皆對大陸人到處亂丟紙屑、不守秩序，在公共場所如入無人之境，所到之處髒亂不堪等非常反感。

　　大陸一方面與臺灣交好，另一方面提升整體生活水平、知識水平，以及縮短貧富差距等文明程度，才能與臺灣人匹配，即所謂的門當戶對。

5. 水到渠成：

　　大陸要和平統一，其關鍵在於臺灣〝民意〞，故與臺灣人民做好關係並等待時機，不用怕臺灣公投，大陸越怕公投，臺獨的主張者越吃定大陸，也越有操作空間。

在最反感大陸的現在，贊成臺灣獨立也還是低於30%，縱公投通過，臺灣當局也不敢宣布獨立。因依2005年3月14日大陸公布的《反分裂國家法》第二條規定：「世界上只有一個中國，大陸和臺灣同屬一個中國，中國的主權和領土完整不容分割。維護國家主權和領土完整是包括臺灣同胞在內的全中國人民的共同義務。臺灣是中國的一部份。國家絕不允許〝臺獨〞分裂勢力以任何名義、任何方式把臺灣從中國分裂出去。」

第八條規定：「〝臺獨〞分裂勢力以任何名義、任何方式造成臺灣從中國分裂出去的事實，或者發生將會導致臺灣從中國分裂出去的重大事變，或者和平統一的可能性完全喪失，國家得採取非和平方式及其他必要措施，捍衛國家主權和領土完整。」

只要臺灣當局敢宣布臺灣獨立，大陸攻臺豈不是名正言順出師有名。臺灣當局不至於那麼愚蠢，敢冒這麼大的風險，更何況！大陸是聯合國安全理事會的常任理事國，對於申請加入會員國，具有否決權。綠營喜歡把臺灣獨立相關議題掛在嘴邊，尤其是在選舉期間，那是可激怒大陸，大陸一發聲，綠營便有機可乘操控民意，以獲得選票。2020年總統選舉，蔡英文競選連任，原民意非常低迷僅20%左右的支持率，後因香港《逃犯條例》草案，爆發反對逃犯條例修訂草案運動，接連的遊行和示威，引發臺灣人對〝今日香港，明日臺灣〞的擔憂；

蔡英文表示支持香港的運動，並重申：「臺灣絕不接受〝一國兩制〞。」她的民調馬上三級跳，以817萬票當選，超越2008年馬英九的765萬票，創下臺灣自1996年開放總統直選以來最高得票記錄，立法委員選舉民進黨也過半數當選，這便是明證。

只要美國不支持臺獨，臺獨主張者便沒有靠山，也就沒有機會獨立。更何況！美國再三強調不支持臺獨。退一步說，縱美國支持臺獨，也須經過全民公投，同意票要超過不同意票，才能通過，這也不容易。但如果公投通過了〝兩岸統一〞，便是中國人的幸福。因此，不管怎麼投？大陸都不會是輸家，更何況，目前臺灣的國債根據財政部國庫署的公布，截至111年06月30日計61,588(億元)，平均每人負擔債務為26.6(萬元)，意即一個小孩一出生，就要負債26萬多元；《遠見雜誌》以「大債時代」衝擊全球！臺灣瀕臨「活不起」的未來為標題說：「國家政策研究基金會研究員周信佑指出，當政府公開承諾支付，潛藏負債就已經符合《公債法》的定義，臺灣的公債將增至25兆6306億元，每人負債高達109.39萬元。」所以，兩岸統一對臺灣人民的生活，肯定有幫助，每年至少可節省國防經費3,726億元(2022年)。

綜上所說：中國要統一有兩種方式，即武力統一與和平統一。大陸要訴諸武力，礙於美國，必須冒著國家或領導人垮臺的極大風險，人民身家財產的損失，更難

以估計，臺灣也會成為一片廢墟。而和平統一最符合兩岸人民的利益，大陸領導人又能名留千古，讓後世所景仰。只要有耐心，認清臺灣人的性格，以及民主社會是以〝人民〞為中心的運作，並真心對待臺灣，不做有傷感情的事，國臺辦發言人可以考慮由臺灣人來當，以表示改善兩岸關係的決心，並協助臺灣人，替他們解決困境，讓臺灣人感受到大陸的善意；接著便可以形式統一，操之在我的先做，屆時只要時機成熟，便可透過民主程序舉行公投，讓美國以至世界，尤其臺獨主張者沒話說，中國和平統一，即可水到渠成。

柒、臺灣對大陸之戰略

一、知己知彼

二、兩岸論述

三、以拖待變

　　臺灣對大陸之戰略，基於國際局勢，以及兩岸情況都對臺灣不利，兩岸的軍事力量又過於懸殊，臺灣的國防安全卻完全建立在美國的承諾上，偏偏美國又是一個會為自身利益而出賣他國的國家。因此，臺灣處理兩岸政治議題，便要非常謹慎小心，稍有不慎即有可能引發戰火。總的來說，國人長期以來天真的認為，只要美國在，臺灣就安全，也相信美國會保護臺灣，但假如美國背棄臺灣呢！臺灣要何去何從？故以下的戰略，將以臺灣不依賴美國的前提下，要如何因應大局，擺脫困境。茲以知己知彼、兩岸論述，以及以拖待變來說明：

一、知己知彼

　　本戰略首先在於認識自己，了解對手，才能從中找到優缺，進而佈局整體：

1.認識自己：

　　要如何認識自己，應從人民意志、島國經濟、外部支援，以及軍事力量認識起：

A.人民意志：

　　臺灣偏安已近半個世紀，所謂「安逸使人喪志，困頓使人成長。」尤其是年輕一代，在父母全心呵護下，

過著安逸生活，根本無法體會戰爭的殘酷。

在兩蔣時代，國家對於人民的教育非常明確，中華民國就是我的國家，國家觀念非常一致。如今，臺灣進入更民主的社會，人民可自由表達政治主張，以至造成中國統一派、臺灣獨立派、維持現狀派等主張，產生人民對國家認同的問題，有著「為何而戰？為誰而戰？」的疑惑。就如魯迅《彷徨》之詩云：「寂寞新文苑，平安舊戰場，兩間餘一卒，荷戟獨彷徨。」

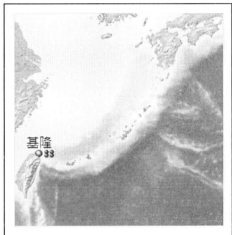

1996年的臺海危機，起於1995年，總統李登輝訪問美國，並仕演講中提出：「此次來美參加康乃爾大學校友返校盛會，不僅是登輝個人的殊榮，更重要的，這也是中華民國在臺灣二千一百萬同胞共同的榮幸。」等言

1996年3月8日至15日，中共宣布在基隆、高雄外海演習；圖片來源：《維基百科》

論，大陸為阻止李登輝在1996年臺灣的總統選舉中連任，於是進行以武力威懾臺灣的軍事演習，此舉引發臺海危機。人民解放軍第二砲兵部隊和南京軍區分別向臺灣外海發射飛彈，舉行兩棲登陸作戰演

臺海飛彈危機時部署在臺灣東北方
海域的獨立號航空母艦(CV-62)
圖片來源：《維基百科》

習，美國則緊急調動兩航母戰鬥群進入臺灣海峽，臺海一時戰雲密佈，造成股市、房市重挫，有錢人紛紛逃到國外。

　　毛澤東運用民氣，打敗了軍隊、武器比他多且精良好幾十倍的蔣介石，建立中華人民共和國；俄烏戰爭，澤倫斯基因民氣可用而支撐到現在。但臺灣人衛國、護國地意志，非常薄弱，這樣的民氣可用嗎？可能戰爭還沒開始，就先相互指責，自家先內亂起來。

B.島國經濟：

　　臺灣是一個島嶼的國家，島內物資匱乏，需大量依靠外援，它的戰備物資儲備量，據經濟部預估可以支撐一到三個月的用量。儘管臺灣的外匯儲備總額5,488.54

億美元，位居世界第四，但如果大陸對臺灣實施外海封鎖，所有物資便進不了臺灣，臺灣就會陷入困境。

C.外部支援：

能突破大陸對臺灣封鎖，唯有美國，美國一旦背棄臺灣，基於大陸的強大，也基於自身的利益與安全，沒人敢冒著得罪大陸而支援臺灣，充其量用口說說，譴責幾聲而已，什麼也沒有。日本雖與臺灣、美國等國家是太平洋防線的戰略夥伴，臺海安不安全，直接衝擊到日本的國防安全，與大陸又有釣魚臺主權的爭議，如果美國參戰，日本必義不容辭的參戰，但如果美國不參戰，日本也不敢得罪大陸，這是現實問題，沒辦法責怪他人。尤其是臺灣被封鎖時，縱有外援也進不來。其中，美國不只背棄過中華民國，還有如：

描繪越南戰爭期間美國和 ARVN 軍事人員在行動中的圖像拼貼
圖片來源：《維基百科》

　　1955～1975年的越南戰爭，該戰是受中華人民共和國和蘇聯等國家支持的北越（越南民主共和國）對抗受美國等國家支持的南越（越南共和國）的一場戰爭。主戰場雖在越南，但也涵蓋到寮國、柬埔寨等國家，是二戰以後美國參戰人數最多的戰爭，影響極為深遠，美國在越南戰爭中不堪耗損，遂逐步將軍隊撤出越南，最終北越擊敗南越並統一越南。

　　2001～2021年的阿富汗戰爭，該戰是以美國帶領北大西洋公約組織等盟友組成的聯軍，與阿富汗蓋達組織和塔利班爆發的一場戰爭。20年之間美國雖致力維持共和國政權的存續，最終在2021年美國宣告撤軍後，塔利班旋即發動迅猛攻勢擊潰共和軍，最終瓦解共和國重獲政權，獲得最終勝利。

描繪阿富汗戰爭期間美國等軍事人員
在行動中的圖像拼貼
圖片來源：《維基百科》

《風傳媒》新聞報導，以〝汪志雄觀點：美國背棄
盟友就像喝白開水一樣自然。〞為標題說：「美國從阿
富汗撤軍，短短不到一個月的時間，塔利班已經攻佔了
全國超過三分之一的省會。美國總統拜登說：『美國不
會再犧牲更多人命，阿富汗軍隊必須為了他們國家而
戰。』這基本上已經宣告美國所扶持了20年的親美政權
終將垮臺，留下的只會是無數流離失所、困頓無依的可
憐人民。阿富汗的故事告訴我們，世界上鮮少有一個國
家會因著美國的介入而變得更美好、更安定。」[1]作者汪
志雄為美國伊利諾大學教授。

　　以上種種跡象皆顯示，美國是不可靠的，隨時都有
可能因自身利益而背棄盟友。俄烏戰爭，致使美國與俄
羅斯交惡，並嚴重對立中，如果美國要拉攏大陸對抗俄
羅斯，當年〈聯合國大會第2758號決議〉事件，難保不
再發生。

D.軍事力量：

　　臺灣的軍事力量，根據《全球火力》所公布的《2022
年軍力排名》，臺灣在接受評比的140個國家中，以火
力指數0.3215在全世界排名第21位；而大陸火力指數
0.0511位居第3；美國則為0.0453位居第1。可見，臺灣

---

[1] 見《風傳媒・汪志雄觀點：美國背棄盟友就像喝白開水一樣自
然》，https://www.storm.mg/article/3883253，2022.05.03上網。

與大陸的軍事力量，差距非常懸殊，更何況大陸擁有350枚核彈，也是位居第3。

根據2021/03/20《中時新聞網‧大陸若武統臺灣可以撐多久？媒體人曝6字答案》李俊毅報導說[2]：「一旦兩岸有戰事，〝國軍能撐多久？〞……。對此，資深媒體人王豐表示，歷任國防部長都被問過這個問題，部長們給的答案從〝一周到一個月〞都有……。國民黨立委廖婉汝17日質詢時提到，美軍印太司令戴維森（Philips Davidson）說，中共6年內恐攻臺，且指美軍若馳援第一島鏈需要17天，外界評估我有防守7天的能力。」

不管臺灣能撐一周或一個月，只要美國背棄臺灣，臺灣就註定要戰敗，這就是我們必須認識自己的處境。

2·了解對手：

要如何了解對手，也是要從人民意志、陸國經濟、外部支援、軍事力量，以及權力結構了解起：

A.人民意志：

中國自乾隆中葉，尤是和珅專恣後，政事轉弱，亂源即逐漸發生。苗亂、白蓮教、天理教、太平天國、捻

---

[2] https://www.chinatimes.com/realtimenews/20210320003197-260407?chdtv，2022.05.01 上網。

匪等叛亂，相繼而起，蜂湧四出，遂使國勢日衰。加上道光年間之中英鴉片戰爭，更開啟列強入侵中國的大門，緊接著便是英法聯軍、俄人東侵、中日甲午等戰役，中國無不與之和談，割地賠款，喪權辱國。

後有德國強租膠州灣，各國又互相仿傚，紛借港灣，使中國海疆，幾無完土。光緒帝雖有心改革，令康有為等策劃新政，奈何慈禧干預，百日維新終告流產。繼有義和團扶清滅洋之舉，遂有八國聯軍之役，中國至此，已面臨被瓜分的危機。幸有國父　孫中山先生起而革命，推翻滿清，締造民國。

民國成立之初，孫中山就任臨時大總統於南京，袁世凱卻擁兵自重於北京，遂形成南北對峙，孫中山為求統一，免除戰禍，故以實行共和體制為條件，讓位袁氏。不料袁氏繼任總統後，不僅不遵守國會決議，甚而企圖恢復帝制，遂引起國人激憤，繼而起兵討伐，袁氏為大勢所逼憂鬱而亡。

其後又是張勳的復辟，段祺瑞、馮國璋、張作霖、閻錫山、楊增新、唐繼堯、陸榮廷等各地軍伐之割據，加上各國勢力的介入，使中國境內兵禍連年，民不聊生。雖有民國之名，卻無民國之實，國力更是一落千丈。孫中山見此，深感只有黨員奮鬥，而無武力作後盾，革命難竟全功，故命蔣介石先生於廣東成立黃埔軍校，培養

革命力量。

　　蔣介石果不負所望，帶領黃埔學生成為一支忠黨愛國的革命軍，在廣東兩次東征，一舉成名。孫中山逝世後，蔣介石繼承遺志誓師北伐，致力中國的統一，先後擊敗吳佩孚、孫傳芳、張宗昌，後張學良亦通電南京，易幟服從國民政府，中國終告統一，然百廢待舉，舉步維艱。接著又發生國共內戰、八年抗戰等，在這近二百年期間，中國人民飽受戰火摧殘，於是養成非常強烈的民族意識，及國家認同的意志。

　　2005年大陸發起反日示威活動，該活動主要起於日本編纂的《新歷史教科書》，將日本在第二次世界大戰時期，前後的一系列問題責任進行淡化處理，改變日本其他主流歷史教科書說法，因此遭到大韓民國、中華人民共和國等國家的強烈反對。大陸各地的民眾發起抗議示威活動並抵制日貨，如：重慶、廣州、深圳、河南、瀋陽、寧波、哈爾濱、河北、成都、青島、

2005年4月10日廣州的遊行隊伍通過天河崗頂電腦城一帶
圖片來源：《維基百科》

長沙、武漢、上海、福州、杭州、天津、北京，以及香

港等地。

　　2005年10月16日，我應廈門大學之邀，參加《海峽兩岸臺灣文學史研討會》，會中學者來自兩岸各地，有一議題，大家意見分歧，也各有堅持，最後只見爭辯越來越激烈，大陸學者的口徑從頭到尾一致對準臺灣，打的是團體戰；而臺灣學者卻是相互激辯，偶又對準大陸學者，打的是散兵戰。

　　可見，大陸人民有非常強烈的民族意識，以及國家認同。

B.陸國經濟：

　　陸地國家的物產，要比島國好得很多，尤其是大陸，領土廣闊960萬平方公里，僅次於俄羅斯的1,707.50萬平方公里，加拿大的997.1萬平方公里，位居世界第3。中國地大物博，擁有豐富的天然資源。水能資源居世界第一位，海洋資源開發潛力巨大，礦產資源數量豐富，種類齊全，在東北和山西有大量煤，而江西省的鎢藏量是世界第一，鐵、銅和稀土等礦產也很多，也有石油和天然氣等資源。中國是世界上擁有野生動物種類最多的國家之一，亦幾乎擁有北半球所有植被的類型。

　　大陸的經濟力量，其國內生產總值，根據國家統計局公布，在2021年（不含港澳）GDP約為114.3萬億人民

幣，折合17.7萬億美元(17.7兆美元)，僅次於美國名列世界第二，人均GDP為12,551美元，超過世界平均水平，接近高收入經濟體門檻。它的財務力量，根據《中國國家外匯管理局》公布，截至2022年5月，外匯儲備總額為31,277.80億美元是世界第一。

C.外部支援：

兩岸發生戰爭，大陸如需要外部支援，至少對大陸最友好的越南、北韓、俄羅斯、巴基斯坦、柬埔寨、塞爾維亞、伊朗，以及尼泊爾等國家，會無條件支持大陸。因這些國家在最困難的時候，大陸都曾伸出援手，協助它們渡過難關，長久以來已建立深厚的友誼。

D.軍事力量：

中國人民解放軍[3]，是由陸軍、海軍、空軍、火箭軍、戰略支援部隊等五大軍種，以及中

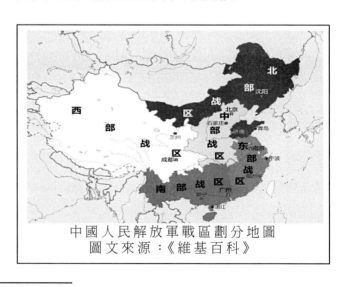

中國人民解放軍戰區劃分地圖
圖文來源：《維基百科》

---

[3] 見《維基百科・中國人民解放軍條》，https://zh.wikipedia.org/zh-tw/%E4%B8%AD%E5%9B%BD%E4%BA%BA%E6%B0%91%E8%A7%A3%E6%94%BE%E5%86%9B，2022.05.03上網。

央軍委聯勤保障部隊所組成，並分為東部、西部、南部、北部，以及中部等五個戰區，由中央軍事委員會所領導，中共中央軍委主席統率全軍。其歷史可以追溯到1927年8月1日南昌起義時，中國共產黨領導的國民革命軍起義部隊。1947年10月10日，毛澤東起草的《中國人民解放軍宣言》中正式啟用現在的名字。該軍隊參加了國共內戰、抗日戰爭、韓戰、中印戰爭、中蘇邊境衝突、中越戰爭等，作戰經驗非常豐富。

目前，中國人民解放軍共有200萬名現役軍人，為世界上規模最大的正規軍隊。其中：

陸軍由步兵、裝甲兵、炮兵、陸軍防空兵、陸軍航空兵、工程兵、防化兵，以及通信兵等兵種和各種專業勤務部隊所組成，現

96式主戰坦克
圖文來源：《維基百科》

役員額在100萬人左右，規模世界第一。

海軍由潛艇部隊、水面艦艇部隊、海軍航空兵、海

軍陸戰隊、海軍岸防部隊等兵種，以及專業部隊所組成，共29萬餘人，艦艇500餘艘，飛機700餘架，包括2艘航空母艦、6艘船塢登陸艦、44艘驅逐艦、110艘護衛艦、78艘潛艇。

空軍由航空兵、防空兵、空降兵、通信、雷達、電子對抗、防化、技術偵察等，以及作戰保障部隊所組成，約有39.8萬名現役軍人，飛機約5,200餘架[4]，其中包括近2,000架戰鬥機、400餘架轟

001型航空母艦
圖文來源：《維基百科》

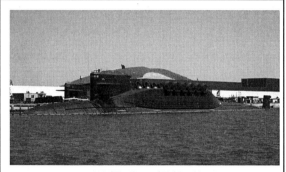

094型彈道飛彈核潛艇
圖文來源：《維基百科》

蘇-30MKK戰鬥機
圖文來源：《維基百科》

---

[4] 所有戰機數量僅為軍事研究機構根據公開資訊與衛星照片保守估算，未曾有中國人民解放軍方正式公布真實數量。

炸機、450餘架戰鬥轟炸機、450餘架運輸機和空中加油機、各型電子戰機和帶有攻擊力的教練機、不明數量但可信相當龐大的自製無人機等。

火箭軍由核飛彈部隊、常規飛彈部隊、作戰保障部隊、院校，以及科研機構等所組成，約有15萬兵員，主要武器為搭載核彈頭的

東風-31洲際彈道導彈可搭載核彈頭
圖文來源：《維基百科》

戰略彈道飛彈、搭載常規戰鬥部的彈道飛彈，以及巡弋飛彈、裝備短程、中程、洲際彈道飛彈與遠程巡弋飛彈等多類型武器。根據2016年11月，共青團中央在其官方微博上披露：火箭軍裝備各型近程彈道飛彈（東風-11，東風-15及東風-16系列）1,150枚，各型中程彈道飛彈300枚（東風-21系列和東風-26型），各型遠程/洲際彈道飛彈200枚（東風-5系列，東風-31系列及東風-41型），各類巡弋飛彈3,000枚，還有350枚核彈。

戰略支援部隊是將戰略性、基礎性、支撐性都很強的各類保障力量進行功能整合後組建而成，是電子對抗、網絡攻防、衛星管理等方面的力量。

聯勤保障部隊是實施聯勤保障和戰略戰役支援保障的主體力量，包括倉儲、衛勤、運輸投送、輸油管線、工程建設管理、儲備資產管理、採購等力量，下轄無錫、桂林、西寧、瀋陽、鄭州5個聯勤保障中心，以及解放軍總醫院、解放軍疾病預防控制中心等，能快速融入聯合作戰體系，提高一體化聯合保障能力。

1964年中國首次原子彈爆炸成功；圖文來源：《維基百科》

總的來說，大陸的軍事力量，是世界排名第三。

E.權力結構：

大陸是以馬列主義為指導的社會主義國家，其權力結構的特徵，在於以黨領軍，以軍領政。中國共產黨的權力中心在中共中央委員會，最高領導者為該會的總書記；軍的權力中心在中央軍事委員會，最高領導者為該

會的主席；政的權力中心在國務院，最高領導者為該院
的總理，而國家的權力中心在全國人民代表大會，設有

國家主席，以象徵
國家元首，是虛位
沒有實權。而通常
黨的總書記、軍的
軍委會主席，以及
國家的主席為〝三
位一體〞同一人。
該體制自江澤民開

江澤民先生　　　胡錦濤先生
圖文來源：《維基百科》

始，國家主席與中共中央總書記和中央軍委主席三職由
同一人擔任而握有實權，胡錦濤、習近平也承此慣例。

　　其中，總書記、軍委會主席之
任期為五年一屆，連任次數沒有限
制；國家主席原為連任不得超過兩
屆，後於2018年3月第十三屆全國
人民代表大會，第一次會議通過的
憲法修正案，刪除了國家主席連任
不得超過兩屆的任期限制，不過沒
有增加任何權力，其虛位元首的性
質不變。

　　大陸的權力結構，集中於一
人，一人的好壞決定國家的前途，

習近平先生；圖片
來源：《維基百科》

人民的幸福，且沒有任何制衡力量。以社會主義國家的制度，只要個人權力慾望過大，權力即沒有辦法正常輪替，只能以鬥爭、奪權方式為之。因此，大陸就發生多次的鬥爭、奪權事件，茲列舉一、二：

劉少奇為中華人民共和國第二任國家主席，後來他反對中共中央主席毛澤東倡導的三面紅旗，且在四清運動時與毛澤東意見相左，於是在文化大革命初期，成為走資本主義道路的當權派，並冠以〝叛徒、內奸、工賊〞等頭銜進行批判。1968年，中共八屆十二中全會決定

劉少奇先生；圖片來源：《維基百科》

將劉主席永遠開除黨籍、撤銷黨內外一切職務，並拘禁於河南開封，1969年病逝。

華國鋒與汪東興、葉劍英等聯手粉碎了四人幫後，結束文化大革命，成為中華人民共和國最高領導人，中國共產黨中央委員會主席、中華人民共和國國務院總理、中國共產黨中央軍事委員會主席等黨政軍最高領導人。1977年提出〝兩個凡是〞，與希

華國鋒先生；圖片來源：《維基百科》

望改革開放的鄧小平意見相左。經歷〝真理標準大討論〞

5後，便被以鄧小平為首的集團鬥垮，華國鋒自中共十一屆三中全會之後退出中共核心領導集團。1980年11月，中共中央政治局認為他提出的〝兩個凡是〞等觀點是完全錯誤的；1981年6月，在中共中央十一屆六中全會上被迫辭去中共中央主席，中共中央軍委主席，其最高領導人地位被鄧小平所取代。而後便很少露面，深居簡出，但在黨內仍然受到尊重，8月20日12時50分因病醫治無效在北京逝世，享年87歲。

鄧小平先生；圖片來源：《維基百科》

　　現在，中共領導人習近平與李克強傳出鬥爭事件。根據《大紀元》2022年05月22日的報導：「進入今年5月份以來，中國社會更加動盪，以上海封城為標誌的極

5　該討論為南京大學胡福明教授所發表的《實踐是檢驗真理的唯一標準》，在全國引起強烈的反響，由此引發了一場大討論。遼寧省委第一書記任仲夷撰寫了《理論上根本的撥亂反正》，批判兩個凡是。他提出，如果按照兩個凡是，那等於文化大革命和批鄧、反擊右傾翻案風都要維護。他對此表示質疑，並提出「凡是實踐證明是正確的，就要堅持，凡是實踐證明是錯誤的，就要糾正。」毛澤東著作編輯出版委員會辦公室副主任兼黨委副書記吳冷西也發表了文章，他認為《實踐是檢驗真理的唯一標準》理論上是錯誤的，是要砍倒毛澤東思想的這面紅旗。鄧小平復出後，提出要完整準確地對待毛澤東思想，支持關於真理標準問題的討論，並在中共召開十一屆三中全會，作了《解放思想，實事求是，團結一致向前看》的講話，強調「實踐是檢驗真理的唯一標準」，否定了「兩個凡是」的觀點。這次討論打破了長期以來對毛澤東個人崇拜教條主義的情形，形成了一場廣泛而深刻的思想解放運動。

端清零防疫模式愈演愈烈，甚至已經蔓延到北京，並在北大引發了學生的抗議。與此同時，有關中共政局劇烈內鬥的消息傳出了升級版本。」

「5月4日，專門爆料中南海內幕的自媒體人〝老燈〞在推特和油管上曝出猛料說，據一位國安人士給他提供的內幕，在5月2日召開的中共政治局常委擴大會議上，習近平已經禪位給李克強，將於二十大上退休，李克強即日起接管中央日常事務，二十大正式接任總書記一職。老燈說，因為習近平的政治、

李克強先生；圖片來源：《維基百科》

經濟政策、外交政策，都招致黨內不滿，黨內、軍隊、元老和經濟界的四方力量聯合起來運作，正式終止了習近平的實際權力。爆料說中央常委會對習近平的工作，制定了的「提前交權，到站下車，平穩過渡，不追責任」的十六字方針。根據那位國安人士提供的消息，上海疫情的封城清零是這次倒習的一個引爆點，而廣西黨委會的那個擁戴領袖、搞個人崇拜的決議起了一個很大的反作用。」

「針對二十大前中共劇烈內鬥的問題，謝田教授對《菁英論壇》表示，習近平有個外號叫總加速師，他的所作所為在經濟上、在對外外交政策上、國際關係上，

都在給人們一個印象，就是他把這個共產黨統治集團所有的劣跡暴行一而再、再而三地顯示出來，讓中國人民越來越唾棄這個共產黨，所以即使他連任了，也是可以對共產黨的垮臺進一步加速的。謝田教授說，而如果習近平這次倒下去了，不管是誰來接替習近平，他要立威也好，要維持位置也好，他一定會清算習近平，那麼，他清算習近平也是在清算共產黨，那最好、最簡單的辦法就是讓中共解體。」[6]

可見，大陸政權隨時都有可能因經濟、鬥爭、奪權等而產生重大改變，蘇聯解體即是一個明證。蘇聯是以馬列主義為指導的社會主義國家之創始國，竟然是因經濟、腐敗，以及鬥爭等因素而解體。

1991 年八一九事件爆發時佔領蘇聯紅場的坦克，此事件最終促進了蘇聯的解體。
圖片來源：《維基百科》

---

[6] 見《大紀元·【菁英論壇】清零惹大禍？習二十大連任遭變數》，https://www.epochtimes.com/b5/22/5/21/n13742371.htm，2020.05.01。

3.佈局整體：

　　臺灣的安全，不能只依賴不可靠的美國，而強硬與大陸對幹，這是何等不智，最後只能自取滅亡。面對強悍的大陸，需要的是智慧，不是意氣用事，更不能故意刺激大陸而獲取選票，操控選民，而選民也應理性的明辨是非，有心人就不能得逞。讀書所為何事？除創造美麗幸福的人生外，不就是要能〝明辨是非〞，像白癡般讓政客牽著鼻子走，並耍得團團轉，不是很可悲嗎？臺灣的困境，只有選民可以扭轉局勢，並改變目前臺灣政治的惡性循懷，臺灣人務必三思。

　　面對強悍的大陸，臺灣應以失去美國的保護為前提，做萬全的準備，其作為應是：

A.小不忍則亂大謀：

　　面對強悍的大陸，要認清事實，明知道有個惡鄰居，不要沒事就去挑逗他，屆時被惡整也只能自認倒楣，敬而遠之不要去刺激他，不就能相安無

紹興勾踐臺
圖片來源：《維基百科》

事。儘管大陸有很多相對不合理的要求，都要忍耐，也必須忍，所謂〝小不忍則亂大謀〞，絕不能有〝死鴨子嘴硬〞的非理性反應，因少數人的意氣用事，所影響的可能是臺灣全體人民的身家安全。越王勾踐〝臥薪嘗膽〞，終消滅了吳國，張良之〈圯上老人〉，終成就了漢高祖的偉業，古有明訓。

B.防大陸出師有名：

大陸的底線為臺灣不能宣布獨立，並承認一個中國為原則。以目前而言，臺灣根本不可能獨立，沒有任何條件，連美國也再三聲明，不支持臺灣獨立。

鴻門宴圖中的張良畫像，西漢壁畫現存洛陽古墓博物館。
圖片來源：《維基百科》

臺獨主張者總是喜歡到處喊〝臺灣獨立〞，只是喊著個人爽而已，這不是真正〝臺獨務實的工作者〞所應為。所以，臺灣今後不應再大聲嚷嚷臺灣獨立，以免讓大陸出師有名，武統臺灣。

C.承認九二的共識：

　　大陸要臺灣承認九二共識，所謂〝九二共識〞，乃是李登輝主政時期，兩岸官方透過授權的民間組織海協會與海基會，在1992年經由香港會談及其後函電往來，所達成的非正式共識。雙方同意「兩岸同屬一個中國，在事務性協商中可以不涉及一個中國的政治意涵。」而這個〝一個中國的政治意涵〞，大陸自然主張「臺灣屬於中

蘇起先生
圖片來源:《維基百科》

國，中華人民共和國為中國唯一合法政府。」而臺灣也自然主張「一個中國，就是中華民國。」後來蘇起為它包裝成「一中各表」。雙方在這方面都各自有主張，也各自有堅持，因此產生了分歧沒有共識。

　　要大陸承認中華民國的存在是不可能；要臺灣承認臺灣隸屬中華人民共和國也是不可能。如果雙方各自堅持，只有死路一條〝無解〞。不如效法大陸在爭議上的處置方式〝擱置爭議〞，面對南海島礁之主權爭議，以及釣魚島之主權爭議皆是如此，全力朝向兩岸共榮共享

的方向發展。面對無解的爭議，就讓它有模糊的空間，既不損臺灣尊嚴，又對臺灣有利，除非別有用心，否則何樂不為。臺灣不承認九二共識，兩岸就如蔡英文政府面臨戰火邊緣；臺灣承認九二共識，兩岸就如馬英九政府開創雙邊的榮景。但馬英九繼承父親馬鶴凌的遺志，一心一意想要「化獨漸統，全面振興中國；協強扶弱，一起邁向大同。」部份臺灣人對他難免有賣臺的疑慮。

九二確實達成的共識，只有雙方同意「兩岸同屬一個中國，在事務性協商中可以不涉及一個中國的政治意涵。」但因雙方未進行官方正式簽署協定文件，只存在非正式的口頭協商與電文往來，之後對於當時實際上達成的共識內容為何，長期成為爭論的焦點。蔡英文的任期將屆，應好好保握機會，如果能代表臺灣與大陸簽署官方正式協定文件，解決兩岸長期以來的爭議，補足前幾任總統皆未完成的任務，更具有時代意義，蔡英文將名留千古。臺灣沒有誰比蔡英文去完成這件事更適合，因臺獨主張者不承認中華民國，所以不會去簽署，而藍營者去簽署，部份臺灣人不放心，會有賣臺的疑慮。蔡英文是依中華民國憲法選出來的總統，不會不承認中華民國，否則豈不是很荒謬，她也是綠營的領導人，由她來簽署更具說服力。

D.建立良性的互動：

良性的互動關係，就如兩人面對面的往前走，儘管速度再慢，也是越走越近；惡性的互動關係，就如兩人背對背的往前走，只會越走越遠。兩岸關係包含：政治、經濟、教育、文化、科技、交通、農業、衛生、環境、法務等事項，唯政治有爭議，其餘都沒問題，只要雙方秉持〝擱置爭議〞原則，全力朝向兩岸共榮共享的方向發展，以建立良性的互動關係，兩岸人民的生活將會越來越好，也會成為好鄰居。

E.確保臺灣的安全：

確保臺灣安全，是身為臺灣領導人的首要任務，且要萬無一失，任何有一絲危險的可能性，都要排除，這是責任，縱大陸再怎麼霸道，也不容有任何藉口。因此，要確保臺灣安全，應有以下的作為：

a.開放教育：

全面開放兩岸的教育，允許更多大陸人來臺求學，讓他們吸取民主自由的氣息，回鄉後自會感染周邊的人，也可以解決臺灣各大學招生的困境。鼓勵更多臺灣人到大陸求學，讓他們親身感受共產社會的拘束，進而更珍惜臺灣民主的價值，在大陸期間也會將民主自由的價值觀，感染給周邊的人，進而提升雙方的情感。

根據生物學原理，大部份生物都有趨光的本能，人類自然也有追求自由的渴望。只要有些許民主自由的種子，自然會萌芽滋長，進而開枝散葉，屆時便能縮短大陸民主的進程。

b.開放通婚：

　　全面開放兩岸通婚，鼓勵兩岸年輕人互相交往談戀愛，進而結婚生子，兩邊不是媳婦就是女婿，進而內孫外孫多多，如此才能達到真正的一家人。情感的提升，有助於兩岸的和平。

c.開放移居：

　　全面開放大陸權貴、富商等來臺定居，凡符合設定的條件，即可移居臺灣。越多大陸權貴與富商等定居臺灣，不僅有助臺灣的經濟，也有助於兩岸的和平。

D.開放交流：

　　全面開放兩岸的交流，不管是學術交流、休閒旅遊等，皆有助臺灣的經濟，也有助於兩岸的和平，更可讓他們感受到民主自由的可貴，回去之後也會感染周邊的人，進而提升雙方的情感，縮短大陸民主的進程。

　　總的來說，知己知彼首在認識自己，進而了解對手，才能知道如何佈局整體，以確保臺灣安全。在認識

自己方面：民氣固然可用，但臺灣的民氣因人民對國家認同，有著「為何而戰？為誰而戰？」的疑惑，故臺灣人衛國、護國地意志，非常薄弱；臺灣是一個島嶼的國家，只要外海被封鎖，所有物資便進不了臺灣，臺灣就會陷入困境；臺灣一旦被大陸封鎖，將失去所有的外部支援；而臺灣與大陸的軍事力量，差距又非常懸殊，雙方只要一交戰，對臺灣而言是百害而無一利。種種跡象皆顯示，若臺灣過度依賴美國，只要美國一旦背棄臺灣，臺灣就將面臨亡國的危機。

因此，身為臺灣領導人的首要任務，在確保臺灣安全且要萬無一失後，再談未來的發展。故無論是開放教育、開放通婚、開放移居，或開放交流等的目的，都為了提升雙方的情感，以助兩岸的和平，確保臺灣安全，並提升大陸人民的民主素養，以協助大陸縮短民主的進程。當兩岸人民的民主素養相近時，雙方就容易溝通，也能尊重彼此的選擇，為將來兩岸統一或臺灣獨立做準備。

二、兩岸論述

　　兩岸自1992年首次官方透過授權的民間組織海協會與海基會，在香港會談後以至今日，雙方都未能達成兩岸論述的共識。因要大陸承認中華民國的存在是不可能；要臺灣承認臺灣隸屬中華人民共和國也是不可能。雙方領導人都不可能做出違背國家憲法，違背人民意願而成為歷史罪人。但如果雙方各自堅持，只有死路一條〝無解〞。目前，在無解中唯一能緩和的，只有先〝擱置爭議〞，讓它有模糊的空間。

　　可見，找到雙方都能接受的兩岸論述，又能符合事實，是解決兩岸爭議的根本方法。既然，兩岸牽涉到〝國家〞這個概念就無解，不如不談國家，從另一個家庭倫理的〝家〞說起。

1·老家新家的關係：

　　用〝老家〞來取代〝祖國〞。祖國二字，距離顯得遙遠，情感連結力太弱。舉個例：臺灣本屬中國版圖，後因中日甲午戰爭，割讓給日本；中國對日八年抗戰勝利，臺灣光復回歸〝祖國〞的懷抱。旅居海外的華人，稱中國是他們的祖國。

　　在臺灣，當年輕人要出外奮鬥的時候，家族的長輩們，總會再三叮嚀：要記得有空的時候，常回〝老家〞看看；如果不如意也沒關係，你就回來老家，家裡沒缺你那一雙筷子(養活你的意思)。

　　這兩個例子的感受，就有明顯的差異。〝祖國〞有距離感，分離感，代表臺灣與中國是分離的；而〝老家〞是家的感受，讓人覺得溫馨，情感的連結力強，代表臺灣從未離開過中國。

　　大陸是我的老家，臺灣是我的新家，我愛我的老家，更愛我的新家，我為什麼更愛我的新家呢？因老家由長輩做主，新家由我做主。中國是你的，也是我的，是我們祖先辛苦的結果，由我們共同繼承，共同分享。今天雖然我們的長輩鬧翻而分開，但我實在沒有什麼理由放棄老家的財產讓給你。

2.一個家族兩個家：

　　一個家族兩個家，這一個家族就是中國；這兩個家庭就是大陸老家與臺灣新家，並各自生活。老家的財產是兩岸人民共同持有；新家的財產是臺灣人民辛苦賺來的，屬於臺灣人民。

　　老家的兄長如果希望新家的弟妹回老家團聚，應該

多鼓勵而不能用強硬手段逼迫，那樣只會讓弟妹更不願意回老家，可以多釋出一些善意，以吸引弟妹回去老家團聚，才是正途。

可見，以〝一個家族兩個家〞來取代〝一個中國各自表述〞來得恰當，不會涉及〝一個中國的內涵〞，也就不會有爭議，更符合事實。

三、以拖待變

人與人的關係、國與國的關係，以至到國際之間的關係瞬息萬變，隨時都有可能改變彼此關係。今日大陸、臺灣，以及美國的三角關係，不代表明日的關係也是如此。今日臺灣面對強悍的大陸，因有美國而產生平衡，就如漢末時期的三國。曹魏曹操得天時，才能挾天子以令諸侯，雄

三國形勢圖
圖片來源：《維基百科》

霸一方；孫吳孫權得地利，以江險[7]固守江東，而稱雄一
方；蜀漢劉備得人和，好結交天下豪傑，也稱雄一方，

形成三國鼎立，你奈何不了我，我也奈何不了你。三方都在等待時機，併吞對方，最後卻由司馬家統一為〝晉〞。這就是

曹操　　　孫權　　　劉備

圖片來源：《維基百科》

世間事，瞬息萬變，沒人料得準。

在中國歷史上，有多次異族入侵的戰爭，其中必有〝主戰〞與〝主和〞這兩種主張。但在國家生死存亡的關頭，在力量對比懸殊的情況下，暫時的低頭折腰也不失為良策。八年對日抗戰，中國國力不及日本甚遠。蔣介石深知中日實力

後人繪製的司馬昭
(右)、司馬炎(左)
圖片來源：《維基百科》

懸殊，故採納胡適〝和比戰難〞與〝苦撐待變〞的主張。

---

7 孫吳領域包含：揚州、荊州大部地區及交州全境。北至長江、
淮河一帶及漢江、長江一帶；西至長江三峽；東至東海；南至
越南的中部。

制定苦撐待變之以弱擊強的戰略，實施以〝空間換取時間〞之持久戰，獨力艱苦奮戰四年，將日本上百萬軍隊拖陷在中國戰場的泥淖中。

胡適先生：圖片來源：《維基百科》

　　胡適的〝苦撐〞是盡其在我；〝待變〞是等待世界局勢轉變成對我有利之時！中國終於等到1941年12月7日日本偷襲美國夏威夷海軍基地珍珠港，引爆太平洋戰爭(第二次世界大戰)，激使美、英等國宣戰，中國不再孤軍奮戰，抗戰情勢終現轉機，最後獲得勝利。

日本偷襲珍珠港
圖片來源：《維基百科》

　　《孫子兵法‧謀攻篇》說：「故用兵之法，十則圍之，五則攻之，倍則分之，敵則能戰之，少則能逃之，不若則能避之。故小敵之堅，大敵之擒也。」意即：用兵作戰的原則是，有十倍於敵的兵力就包圍敵人；有五倍於敵的兵力就進攻敵人；有多於敵人一倍的兵力，就要設法使敵人的兵力分

孫子：圖片來源
《維基百科》

散；有與敵人相當的兵力，就要根據情況決定能否開戰；兵力少於敵人，就要考慮退守；實力不如敵人，就要避免決戰。如果弱小的軍隊固執堅持，就會成為強大敵人的俘虜。以目前而言，臺灣的實力不如大陸，就要避免引起戰端。因此，對於兩岸關係的處理方式，應是與大陸建立良性的互動關係，以確保臺灣安全無慮，再〝以拖待變〞等到時機對臺灣有利，屆時不管是統一或獨立，皆可由人民來選擇。

綜上所說，知己知彼才能知道應對，也才能確保臺灣安全無慮，要確保臺灣安全無慮，首在與大陸建立良性的互動關係，才能產生交互的影響，並協助大陸縮短民主進程。當兩岸人民的民主素養相近時，雙方就容易溝通，也能尊重彼此的選擇，再以拖待變等待時機，屆時不管是統一或獨立，皆可由臺灣人民來選擇。

捌、圖兩岸關係之理想

元‧羅貫中之《三國演義‧第一回》：「話說天下大勢，分久必合，合久必分。」世事雖變化無常，卻依〝物極必反〞的法則進行，從中國歷史即可得到印證。兩岸目前雖分離，然有朝一日必再統一，這是時勢所趨，非人力所能扭轉，只是時間而已。中國的統一大業，非一蹴可幾，需要時間與耐心。因此，我〝圖兩岸關係之理想〞，應以九二確實達成的共識，即「兩岸同屬一個中國，在事務性協商中可以不涉及一個中國的政治意涵。」由蔡英文總統代表臺灣與大陸簽署官方正式協定文件，並以此做為基礎，雙方重啟會談，展開歷史新的一頁。重啟會談中，兩岸須認清現實與事實的問題，而應有以下的共識：

羅貫中
圖片來源：《維基百科》

蔡英文先生；圖片來源：《維基百科》

一、短期互重

　　兩岸大小固然差距很大，但〝以大事小，處之以仁〞者，乃仁者無敵，君子的胸襟，大家之風範，唯仁者能關愛弱小，讓世人歌頌；而〝以小事大，處之以智〞者，免不了要受盡委屈，然能忍辱負重，乃〝天下勇者〞[1]之風範，唯智者能改變命運，小至個人，大至國家，讓人民免於災難，亦為世人所歌頌。

　　中國的和平統一大業，非一蹴可幾，需要時間與耐心。所以，兩岸應不分大小，不分強弱，在短期內應該互相尊重，各自謀求發展，以為將來做準備。目前，大陸有嚴重的經濟困境，以及內部鬥爭等問題，如：

1˙房地產泡沫化：

　　大陸商業巨頭之一的〝恆大集團〞，其財務出現危機問題，這僅是冰山之一角，據估計大陸所有公寓中20%至25%是空置，各地出現許多鬼城鬼樓等情事。房地產業佔大陸GDP的四分之一以上，任何一家大型房企面臨倒閉都令當局擔心。恆大是中國第二大房地產公司，在大陸境內有1300多個項目，遍及280個城市。除房地產

1　蘇東坡《留侯論》曰：「古之所謂豪傑之士者，必有過人之節。人情有所不能忍者，匹夫見辱，拔劍而起，挺身而鬥，此不足為勇也。天下有大勇者，卒然臨之而不驚，無故加之而不怒，此其所挾持者甚大，而其志甚遠也。」

這個核心業務，它也涉足其他多項領域，包括食品飲料、電動汽車，以及主題公園與俱樂部等，資產大約2兆人民幣（約3100億美元），幾乎相當於2021年大陸GDP114.3兆人民幣的1.75%。

大企業，尤其是房地產公司，其財源大部份是依賴向銀行的大筆貸款，同時也從買房客戶那裏收取定金來支應，買房人也是要向銀行貸款來支付房價，也就是說大家都在向銀行舉債，只要有短時間周轉不靈時，就有可能如雪崩般，一發不可收拾。房地產是整體產業的動力火車頭，只要車頭發生問題，整體產業鏈將無一可避免，恐也會衝擊到政權的轉移，不得不慎。

2·電力供應不足：

大陸自2017年開始實施限電，尤其是2021年〝拉閘限電〞[2]的危機。這種〝電荒〞的能源短缺在大陸很多地方蔓延，讓製造業受挫，有些地方百姓不得不用蠟燭照明，工廠也停工了。拉閘限電的原因，起於大陸地方政府在中央減碳高壓下，不少地方推〝一刀切〞限電措施，造成同年第三季多地爆發大規模拉閘限電，打亂企業生產節奏，重挫經濟發展。北京大學金融教授佩蒂斯就說：

---

[2] 所謂〝拉閘限電〞：是指在電力系統中拉開供電線路斷路器，強行停止供電的措施；在特定的用電環境無法達到滿負荷運載需求時，中斷一個區域或部分地方的電力供應，一般多發生於夏季。

「我認為，（中國經濟）出毛病已經有好多年了，它是基於一個不可持續的模型。從歷史先例我們可以看出，連續多年的不可持續型增長，必然會導致一個非常困難的調整期。」

3·內部鬥爭問題：

一個國家的政權轉移，大致有三種體制：

A.君主立憲國家：

君主立憲的國家，其君主的權力，來自於〝君權神授〞的法統，可以告訴人民他的執政合法性來自於天命，是替天行道，並可以世襲。所以，他的權力轉移乃世代和平相傳，當然非法不算。其君權又分為兩種：一為虛位如日本、英國等，實權在首相；一為實權如沙烏地阿拉伯王國、泰國等

B.民主立憲國家：

民主立憲的國家，其領導者的權力來自於〝人民〞，通過民主選舉獲得執政的合法性。所以，他的權力乃和平轉移。

C.一黨立憲國家：

一黨立憲的國家，是一黨執政社會主義共和制，是

黨國體制，即一黨制的政黨制度，執政黨掌握絕對權力，代表國家行使主權，並全面控制國家機器的政體，實現從中央到地方行政，黨組織與政府的一體化，即黨政一體，並以黨領軍，以軍領政。黨國與憲政主義政體不同，前者的主權較直屬於黨組織，而後者較直屬於國民。

　　大陸是以馬列主義為指導的社會主義國家，而馬列主義的核心思想，便是〝階級鬥爭〞。因此，這就註定大陸政權在權力移轉時，經常會出現危機，必然要通過叢林法則、弱肉強食的權力鬥爭獲得。可見，大陸政權隨時都有可能因經濟、鬥爭、奪權等而產生重大改變，尤其是中國共產黨第二十次全國代表大會將於今年下半年在北京召開，值得關注。

　　而臺灣則有嚴重族群對立，以及統獨意識形態等問題，尤其是在選舉期間特別明顯。

A.嚴重族群對立：

　　如前所述，臺灣的族群對立，雖起於清代時期因大陸來臺開墾的利益關係所引起的對立，該對立主要在於客家族群與閩南族群；後又因二二八事件所造成的對立，該對立主要在於臺灣族群(客家族群與閩南族群)與外省族群。然經過多年來的磨合與諒解，大家已然淡忘，尤其是年輕一代顯然不復存。可惜，每當選舉來臨時，

政客總喜歡拿來炒作，以獲取選票，社會便紛擾不斷，待選舉結束一切恢復平靜。

B.統獨意識形態：

如前所述，臺灣在二二八事件之前，是沒有臺灣獨立的思想，之後便產生嚴重的省籍情結，同時也產生臺灣獨立的思潮。雖然經過多年來的磨合與諒解，省籍情結已漸淡化，年輕一代更是不在意，且臺灣是一個民主的社會，彼此都能尊重不同的主張，故在臺灣社會本身並不會造成紛亂。可惜，每當選舉來臨時，只要大陸有文攻武嚇，或不利於臺灣的言論，政客即拿來操弄，形成兩岸對立，如此便可獲得多數選票，尤其是年輕一代，幾乎是一面倒，社會也紛紛擾擾，吵得不可開交，等選舉結束一切又恢復平靜。

政客操弄〝省籍情結〞及〝兩岸對立〞，以獲取選票固然不道德，但政客之所以稱為政客，乃因為他們除了〝操弄〞以外，什麼也不懂，不然！叫他們怎麼辦？能怪他們嗎？要杜絕這種惡質的選舉文化，只有提升選民的民主素養。當政客一再操弄省籍情結及兩岸對立，而被選民唾棄時，臺灣才能進入真正的民主時代。

兩岸各自內部問題多多，冒然統一，一定會產生諸多爭議，屆時可能會發生流血事件，不得不慎。因此，

兩岸在短期階段，應先把自已內部安頓好，以利將來的統一大業。

二、中期奠基

兩岸內部安頓好後，中期便要努力拉近彼此的距離，為統一大業奠定基礎。不管是人民的生活習慣、價值觀，以至人民的生活水準、民主素養、整體經濟等，都應該相當，不能差距太大。

所以，兩岸在中期階段，大陸應致力於提升國人的生活習慣，以及生活水準等；而臺灣應致力於提升國人的民主素養，以及明辨是非的能力，以杜絕惡質的選舉文化等。促使兩岸達到門當戶對，以為將來的統一大業做準備。

三、長期統一

當兩岸經由長期感情的培養，而融為一家人，雙方各方面的水準又相當時，中國的和平統一，自然是水到渠成。

綜上所說，兩岸最理想的關係，即是目前以九二達成的共識做為基礎，由蔡英文代表臺灣與大陸簽署官方正式協定文件，以重啟雙方會談，並認清現實與事實的問題，而有短期應該互相尊重、中期應該奠定基礎，以及長期中國應該和平統一的共識。

　　總的來說，在兩岸關係方面：臺灣的起源與發展，是以中國的起源與發展為基底，進而發展出有別於大陸的臺灣特色。兩岸的情緣，不管從地緣、血緣、經貿，以及文化等關係來說，皆不可分割，如血濃於水；兩岸的糾葛，不管從經貿、旅遊，以及文化等關係來說，皆沒有任何分歧，唯政治議題談不攏，也就是〝九二共識〞的〝一個中國原則〞，這個〝一中原則〞的政治內涵，兩岸是可以各說各話，甚至避而不談。藍營同意〝一中原則〞，便開啟兩岸交流的鼎盛時期；綠營不同意〝一中原則〞，兩岸交流便進入冰凍時期，尤其是蔡英文主政期間，兩岸關係更接近戰爭的邊緣。兩岸關係的處理，藍綠之間，各有立場及堅持，所得的結果，自然也不同，沒有對錯問題，只有選擇的問題而已。當然，這個選擇理應由人民來決定，不容政客操弄。

　　在大陸對臺灣之主張方面：大致上是全民一致且一貫的認為，臺灣自古以來就是中國的領土，是中國的一個省，其基調來自於文化、法理，以及武力等論述。在文化論述方面認為，兩岸人民共同承襲中國的文化傳統，同文同種、同根同源同信仰，有著最近的距離和最親的血脈，80%的臺灣同胞祖籍在大陸，尋根是臺灣同胞心裡認祖歸宗的願望；在法理論述方面認為，明鄭時期臺灣就明確畫入中國版圖，縱然曾一度祖先把臺灣割讓給日本，但在第二次世界大戰結束後，臺灣便重新回

歸中國版圖。在武力論述方面認為，臺灣自從李登輝喊出〝兩國論〞，繼任者陳水扁、蔡英文加以發揚光大為〝一邊一國〞，並獲得下一代年輕人的支持後，臺灣便走向獨立的道路而不肯回頭，加上受到香港的〝雨傘革命〞及〝反對逃犯條例修訂草案運動〞的影響，已放棄對臺灣實施一國兩制的和平統一，以武力解放臺灣則勢在必行。

　　在臺灣對大陸之主張方面：臺灣內部的看法不同，可分為統獨之爭、法理之爭，以及維持現狀等三種主張。統派是以文化論述強調，兩岸人民來自共同的祖先，共同承襲中國五千年的文化傳統，一樣的語言文字，以及文化信仰等，所以最終兩岸應該統一。獨派是以法理論述認為，臺灣主權未定論，應該徹底摒棄現有的中華民國體制，建立專屬於全體臺灣人的主權國家，以臺灣名義加入聯合國，反對被中華民國或中華人民共和國政權併吞，所以最終臺灣應該獨立。至於中間者則基於事實的存在，中華民國本就是一個獨立的國家，主張維持現狀與中華人民共和國永久和平共存。據民調顯示，主張維持現狀從以前到現階段始終超過50%，這也說明臺灣大部份人是理性而有智慧，因維持現狀對臺灣人民最為有利，任何改變現狀，臺灣都必須付出慘痛代價。

　　在國際對兩岸之態度方面：現在以中華民國名義，已不可能加入聯合國，改變國號並依聯合國憲章申請加

入聯合國，必然遭到大陸的阻擋，也不可能通過。如今能左右兩岸關係的還是美國，偏偏美國是一個會為自身利益而背棄臺灣的國家。目前，美國雖聯合多國為臺灣發聲，並鞏固臺海安全，尤其軍售臺灣，以期能與大陸抗衡。美國之所以如此，還是在於自身的利益，能賣武器賺錢，又可保障太平洋防線，防堵中國強大，繼續保有世界老大的地位。然而，臺灣最擔心的還是哪一天因局勢關係，或為了自身的利益，美國再次背棄臺灣。奈何！面對想要併吞臺灣的大陸威脅，臺灣除依靠美國外，又能如何？不管誰當臺灣領導人，都必須面對如此的困境。除非，兩岸能找到雙方都能接受的辦法，目前還是苦無對策，這就是臺灣的無奈！

在大陸對臺灣之戰略方面：中國要統一有兩種方式，即武力統一與和平統一。大陸要訴諸武力，礙於美國，必須冒著國家或領導人垮臺的極大風險，人民身家財產的損失，更難以估計，臺灣也成一片廢墟。而和平統一最符合兩岸人民的利益，大陸領導人又能名留千古，讓後世所景仰。只要有耐心，認清臺灣人的性格，以及民主社會是以〝人民〞為中心的運作，並真心對待臺灣，不做有傷感情的事，國臺辦發言人可以考慮由臺灣人來當，以表示改善兩岸關係的決心，並協助臺灣人，替他們解決困境，讓臺灣人感受到大陸的善意；接著便可以形式統一，操之在我的先做，屆時只要時機成熟，

便可透過民主程序舉行公投，讓美國以至世界，尤其臺獨主張者沒話說，中國和平統一，即可水到渠成。

在臺灣對大陸之戰略方面：知己知彼才能知道應對，才能確保臺灣安全無慮，要確保臺灣安全無慮，首在與大陸建立良性的互動關係，才能產生交互的影響，並協助大陸縮短民主進程。當兩岸人民的民主素養相近時，雙方就容易溝通，也能尊重彼此的選擇，並以〝一個家族兩個家〞來取代〝一個中國各自表述〞要來得恰當，因不會涉及〝一個中國的內涵〞，也就不會有爭議，更符合事實。再以拖待變等待時機，屆時不管是統一或獨立等，皆可由臺灣人民來選擇。

在圖兩岸關係之理想方面：即是以九二確實達成的共識「兩岸同屬一個中國，在事務性協商中可以不涉及一個中國的政治意涵。」做為基礎，並擱置一個中國政治意涵內容的爭議，讓它有模糊的空間，由蔡英文代表臺灣與大陸簽署官方正式協定文件，以重啟雙方會談，並認清現實與事實的問題，而有短期應該互相尊重、中期應該奠定基礎，以及長期中國應該和平統一的共識。

國家圖書館出版品預行編目（CIP）資料

兩岸論戰／蔡輝振　著～初版～
臺中市：天空數位圖書　2022.07
面：17公分 X 23公分
ISBN：978-626-7161-05-0（平裝）
1.兩岸　2.論戰　3.臺灣　4.獨立　5.中國　6.統一
573.09　　　　　　　　　　　　　111010997

書　　　名：兩岸論戰
發 行 人：蔡輝振
出 版 者：天空數位圖書有限公司
作　　　者：蔡輝振
版面編輯：採編組
美工設計：設計組
出版日期：2022年07月（初版）
銀行名稱：合作金庫銀行南臺中分行
銀行帳戶：天空數位圖書有限公司
銀行帳號：006-1070717811498
郵政帳戶：天空數位圖書有限公司
劃撥帳號：22670142
定　　　價：新臺幣480元整
電子書發明專利第　Ｉ　306564　號
※如有缺頁、破損等請寄回更換

服務項目：個人著作、學位論文、學報期刊等出版印刷及DVD製作
影片拍攝、網站建置與代管、系統資料庫設計、個人企業形象包裝與行銷
影音教學與技能檢定系統建置、多媒體設計、電子書製作及客製化等
TEL　：(04)22623893　　　　MOB：0900602919
FAX　：(04)22623863
E-mail：familysky@familysky.com.tw
Https ://www.familysky.com.tw/
地　　址：台中市南區忠明南路 787 號 30 樓國王大樓
No.787-30, Zhongming S. Rd., South District, Taichung City 402, Taiwan (R.O.C.)